사람과 돈이 따르는 ──
센스있는
3초
표현

사람과 돈이 따르는 ——
센스있는
3초
표현

아소 사이카 지음 | **이은혜** 옮김

아이템하우스

들어가며

행복해지는 데 필요한 시간은 '3초'

"인간이 저지르는 최악의 죄는 불행하게 사는 것이다."

독일의 시인 괴테가 말했다. 사람은 누구나 행복해지기를 바라며 하루하루를 살아간다. 하지만 안타깝게도 현실은 그리 녹록지 않다.

- 매일 예상치 못한 문제가 벌어진다.
- 상대에게 무시당하는 일이 허다하다.
- 하고 싶은 말이 있어도 하지 못하고 뒤에 가서 후회하기 일쑤다.

일은 생각만큼 잘 풀리지 않고 그렇다고 사적으로 멋지고 행복한 인생을 즐기며 사는 것도 아니다. 우리의 일상은 대부분 이 책에서 끊임없이 언급하는 '행복하고 편안한 생활'과는 거리가 멀다.

그런 답답한 일상에 지친 당신에게 이 책을 추천한다. 꽉 막힌 일상에 이별을 고하고 진정으로 행복해지고 싶은 당신을 위해 말 한마디로 자신만의 매력을 발휘해 삶을 빛내는 방법을 담았다.

이렇게 책을 통해 인연을 맺게 되어 기쁘게 생각한다.

나는 현재 커뮤니케이션 심리 라이프 코치로 일하고 있다. 사람들이 가진 가능성을 최대한 끌어내 정신적으로나 경제적으로 모두 풍요로운, 한마디로 '행복한 인생'을 찾아가는 과정을 돕고 있다.

지금은 행복하고 편안한 일상을 보내고 있지만, 사실 얼마 전까지만 해도 나 역시 행복과는 거리가 먼 삶을 살았다. 겉으로는 웃고 있어도 속으로는 늘 '왜 나만⋯⋯'이라며 불만을 품고 남을 시기하며 살던 시기가 있었다.

나는 스물다섯 살이라는 젊은 나이에 국가 지정 난치성 질환을 진단받았다. 처음 병원비 영수증을 보았을 때 돈을 벌어야 한다는 생각에 정신이 번쩍 들었다. 음대를 졸업해서 줄곧 피아노만 쳐왔지만, 나는 그 길로 무작정 100% 성과급제로 일하는 영업직에 뛰어들었다. 하지만 사람을 상대하는 일은 쉽지 않았고, 100번을 제안하고도 계약을 한 건도 따내지 못해 눈물짓는 날이 이어졌다.

그러던 어느 날 어릴 적 스웨덴에서 살았던 기억이 떠올랐다. 그때는 '너는 어떻게 생각해?', '네가 하고 싶은 말은 뭐야?'라는 질문을 자주 받았다.

스웨덴뿐만 아니라 서양 사람들의 의식에는 기본적으로 '나와 너는 다른 사람'이라는 생각이 깔려있다. 자칫 오해가 생기지 않도록 상대의 생각을 충분히 이해하려고 노력하고, 동시에 자기 생각도 존중하며 신중하게 말하는 습관이 있다.

언뜻 행복과 전혀 관계가 없는 이야기로 들릴지도 모른다. 하지만 사실 편안하고 행복한 삶이란 결국 이러한 습관에서 시작된다.

상대의 생각을 존중하는 동시에 자기 생각도 소중히 여긴다.

이러한 마음가짐이야말로 나답게 살며 행복해질 수 있는 비결이다.

이쯤에서 아마 이런 생각이 들 수도 있다. '서로의 생각을 존중해야 한다는 사실을 누가 모를까, 알면서도 잘 안되니까 문제지.' 맞는 말이다. 사실 이런 말은 단순히 이상론에 지나지 않는다.

실제로 나 역시 일본으로 돌아온 후에 스웨덴에서 익혔던 방식들이 통하지 않아서 고생하다가 자연스럽게 그곳의 방식을 잊어버렸다.

그렇게 살던 어느 날 앞에서 말한 질문들이 떠올랐고, '혹시 자신과 상대를 존중할 줄 아는 사람이 성공하는 것은 아닐까?'라는 생각에 사로잡혔다. 그날부터 나는 자신만의 매력을 뽐내며 빛을 내는 사람, 영업이나 판매에서 뛰어난 성과를 내는 사람, 소통에 능한 사람, 일을 잘하는 사람, 다시 말해 이른바 성공한 사람들이 쓰는 말을 하나하나 받아적어 철저하게 분석했다.

그들의 말을 분석하며 나에게 맞는 새로운 방식을 찾아보고자 했다.

그렇게 1년이 흘렀을 때쯤 나는 그들의 공통점을 발견했다.

그 공통점을 정리한 표현이 이 책에서 소개하는 '3초 표현'이다.

성공한 사람들이 하는 말을 꼼꼼히 분석해 본 결과, 그들은 모두 소통에서 가장 중요한 요소인 분위기와 인간관계, 인상, 자기 생각을 순식간에 바꾸는 '3초 표현'을 사용한다는 사실을 알았다.

　고작 3초 정도의 짧은 표현이지만 이 표현들을 완벽하게 활용하는 사람은, 일은 물론 개인 생활에서도 자신만의 빛을 내며 반짝였다.

　나는 상황을 자신에게 유리하게 돌리기 위해 굳이 길게 설명할 필요가 없다는 사실을 그제야 깨달았다.

　예를 들어 '분위기'를 생각해 보자. 분위기는 말 한마디로 얼어붙기도 하고 단번에 달아오르기도 한다. 나눈 대화의 대부분은 그 자리에서 사라지지만 결정적인 한마디는 한 사람, 아니 많은 사람의 인생을 바꿀 만큼 엄청난 힘을 발휘하기도 한다. 나는 성공한 사람들이 하는 말들 속에서 이 사실을 깨달았다.

　그리고 철저하게 분석한 데이터를 바탕으로 최적의 조합을 찾아내 실제 상황에서 사용해 보았다.

그 결과 나는 3억 원에 가까운 영업 실적을 올려 영업왕 자리에 올랐다. 지금은 스피치 수업과 집필, 강연까지 점차 일의 분야를 넓혀가고 있다.

다양한 기회를 통해 다른 사람들에게도 나의 방법을 전파했고, 가슴이 뿌듯해지는 이야기도 들을 수 있었다.

● 부업으로 시작한 일의 수입이 본업의 두 배를 넘어서 회사를 그만두고 해외 이민의 꿈을 이루었답니다.

● 만만하게 보여서인지 직장에서 일을 떠맡기 일쑤였는데 마음과 생각을 제대로 표현했더니 다들 존중해 주기 시작했어요.

● 업무에서 활용했더니 상사에게 좋은 평가를 받았고, 덕분에 독립해서 지금은 음식점을 경영합니다.

지금까지 내가 지도했던 만 명 이상의 사람들이 이제는 각자 원하는 방식의 삶을 살고 있다.

나는 '3초 표현'에 일은 물론 인생까지 바꾸는 힘이 있다고 믿는다.

편안한 마음으로 서로에게 도움이 되는 관계는 단 3초면 만들 수 있다. 이 책에는 상대에게 건네는 표현뿐만 아니라 나 자신에게 건네는 표현도 담겨있다. 나와 상대에게 건네는 간단한 말 한마디로 편안하고 행복한 인생을 만드는 비법을 정리했다.

먼저 '상대에게 건네는 말'을 통해 분위기와 인간관계, 인상, 무의식, 마음의 변화를 바탕으로 한 간단한 기술을 살펴본다. 다음으로 '나에게 건네는 질문과 격려의 말'을 통해 자신의 감정을 외면하지 않고 속마음과 진심을 보이며 나와 상대, 모두의 마음에 가까이 다가가는 방법을 찾아보자.

본문에서는 나에게 건네는 말과 상대에게 건네는 말로 나누어 89가지의 실제 표현과 일에 활용하는 방법을 소개한다.

지금부터 소개하는 방법을 일상에서 실천하면서 나와 상대를 존중한다면 당신의 삶이 지금보다 더 편안하고 행복해지리라 확신한다.

처음부터 순서대로 단계를 밟아가면 나와 상대가 모두 빛날 수 있는 소통의 방법을 체계적으로 이해할 수 있겠지만, 책장을 훌훌 넘겨 관심이 있는 부분부터 읽어도 상관없다.

다만 한가지, 이 책을 읽는 도중에라도 3초 표현을 직접 사용해 보고 결과가 어땠는지, 어떤 느낌을 받았는지, 꾸준히 기록해 두기를 바란다.

그럼, 이제 다음 페이지를 펼쳐 편안하고 행복한 최고의 인생을 향해 나아가보자.

커뮤니케이션 심리 라이프 코치

_아소 사이카

CONTENTS

상대에게 → "제가 거짓말을 잘 못합니다. 처음부터 솔직하게 말씀드려도 될까요?"
나에게 → "솔직하게 말하지 않는 건 자기보호본능일 뿐이야."

Part 3
상대의 마음을 울리는 말하기 비법

Part 5

업무 성과와 단계를 끌어올리는 말하기 비법 ⸺⸺⸺⸺⸺

Epilogue

나와 네가 있기에 인생이 즐겁다

일, 인간관계,
인생을 바꾸는
'3초 표현'

서로의 생각을 존중하라

3초 표현에 관해서 이야기하기 전에 먼저 앞서 인사말에서 언급했던 마음이 편안해지는 스웨덴의 소통 방식을 간단히 소개할까 한다.

스웨덴 사람들은 '사람은 모두 다르다'라는 생각을 바탕으로 각자의 자주성을 중시한다. 그런데 다르다면 도대체 얼마나 다른 걸까?

일본과 스웨덴은 '나는 나, 너는 너'라는 개념을 이해하는 방식 자체가 다르다. 예를 들어 일본 사람은 나와 타인이 다르다는 개념을 '나는 푸들, 저 사람은 골든레트리버, 상사는 시바견'이라고 생각한다면 스웨덴 사람은 '나는 말, 저 사람은 연필, 상사는 파스타'라고 생각한다.

서로가 완전히 다른 존재이니 사고방식이나 원하는 바도 당연히 다르다고 생각한다. 다르다는 사실은 부끄럽거나 안타까운 일이 아니고, 문제가 되지도 않는다.

스웨덴 사람과 일본 사람의 차이를 더 확실히 보여주는 부분이 있다. 하나는 '거절하는 방식'이고 또 다른 하나는 '원하는 바를 이루는 방식'이다.

1_ 거절하는 이유를 말할 필요도, 미안해할 필요도 없다

일본인은 상대의 부탁을 거절할 때 어떻게 거절해야 좋을지 몰라 늘 고민한다. 상대와의 관계를 생각하면 딱 잘라 거절하기도 그렇고, 지난번에 자신의 부탁을 들어주었던 일을 생각하면 미안해지기도 한다.

하지만 스웨덴 사람들은 거절할 때 미안해하지 않는다. 그들에게 거절은 단지 서로의 생각이 다르다는 말을 전하는 일일 뿐이지 미안한 일이 아니다.

심지어 거절할 때 거절하는 이유를 설명하지 않는 사람도 있다. 부탁한 사람도 거절한 상대의 사정을 궁금해하지 않는다. 앞으로의 신뢰 관계를 생각해서 이유를 설명하기도 하지만 설명하든, 하지 않든 거절한 행동에 관한 책임은 거절한 쪽이 지면 될 일이라고 생각한다.

부탁하는 상대와 거절하는 자신은 그저 서로의 생각이 다를 뿐이다. 스웨덴 사람들은 그 사실을 자연스럽게 받아들인다.

2_ 자신이 원하는 바가 있으면 사양도, 타협하지도 않는다

'상대가 그렇게 생각한다면 이러쿵저러쿵 따지기 그러니 그냥 넘어

가자.' 상대와 의견이 다를 때 일본 사람들은 흔히 이렇게 타협하지만, 스웨덴 사람들의 머릿속에는 이런 생각 자체가 존재하지 않는다. 예전에 한 지인의 가족분이 내게 과자 상자를 내밀었던 적이 있었다. 당시 나는 상자를 통째로 주는 거라고 착각했는데, 사실 그분은 상자 안에 있는 과자 한 봉지를 권할 생각이었다. 선물을 받았다고 생각한 나는 몇 번이나 고맙다고 인사를 했다. 이런 상황에서 일본인들은 상대가 민망할 수도 있으니 그냥 선물로 주기도 한다. 하지만 그분은 전혀 개의치 않고 스웨덴어를 잘 모르는 나를 생각해서 차근차근 다시 설명하셨다. 그제야 이해한 내가 과자를 한 봉지만 집어 들자 담담하게 웃으셨다. 다 주지 못해서 미안해하지도, 자신의 뜻이 전해져서 다행이라고 안도하지도 않으셨다. 스웨덴 사람들은 말이 통하지 않더라도, 상대가 착각하고 기뻐하더라도 그냥 넘어가지 않는다. 자신의 의도를 전하는 일에서는 적당히 타협하지 않는다.

설령 상대가 아이라고 해도 한 사람으로서 존중하고, 당연히 성인 사이에서도 이 기준은 다르지 않다.

지금 생각해 보면 일본에 돌아온 직후에는 어린 내 눈에도 이 부분이 이상해 보였다. 스웨덴에서는 일상에서 벌어지는 사소한 일 하나에도 항상 '나와 상대방, 그 외 다른 사람들은 모두 각각 다른 존재'라는 생각이 바탕에 있었다. 너무나 당연한 생각이었고 솔직히 그 덕분에 마음이 불편할 일이 없었다.

스웨덴 사람들은 흔들리지 않는 굳건한 자기 정체성을 확립하고 남과 다른 자기 모습을 당연하게 받아들인다. 자신의 뜻을 굽히지 않으면서 타인의 마음도 존중하는 그들의 자세가 모두 편안하게 살 수 있는 이유인지도 모른다.

물론 이러한 사고방식은 스웨덴에서는 가능해도 일본 문화에서는 통하지 않는다고 고개를 젓는 사람도 있다.

하지만 걱정할 필요 없다. 이 책에서 소개하는 3초 표현은 지금까지 나를 비롯해 많은 사람이 직접 사용하고 효과를 확인한 표현이다. 상대의 말에 적당히 공감하며 자기 생각을 밀어붙이려는 자세가 아니라, 진정한 의미에서 '개인'을 존중하고 서로를 위해 이해하려고 노력하는 자세를 보여주는 표현들이니 믿어도 좋다.

말 한마디로 모든 것이 바뀐다

다시 본론으로 돌아와서 지금부터 이 책에서 소개할 89가지의 3초 표현에 관해 이야기해 보자.

3초 표현이란 서로의 진심을 파악해서 '분위기, 인상, 인간관계를 바꾸는 3초 길이의 짧은 표현'을 말한다. 3초라는 짧은 시간으로 머릿속에 단단히 자리 잡고 있던 생각을 바꿀 수 있는 만큼 활용할 수 있는 분야가 무궁무진하다. 3초 표현의 효과는 다음과 같다.

- 분위기를 바꿔서 흐름을 끊고 다시 처음 상태로 되돌릴 수 있다.
- 자신의 인상을 바꿔서 상대가 생각하는 이상적인 모습에 다가갈 수 있다.
- 상대가 알아주었으면 하는 부분을 자연스럽게 전할 수 있다.
- 자신의 관심사를 전할 수 있다.
- 상대와의 관계를 원하는 형태로 바꿀 수 있다.

● 자기긍정감을 높여 우울한 기분을 단숨에 떨쳐낼 수 있다.

● 자신의 진짜 속마음을 들여다볼 수 있다.

　간단히 말해 3초 표현은 상대와 나의 관계, 그리고 서로의 마음을 한 순간에 바꿔주는 표현이다.

3초 표현으로 시작하는 새로운 소통

사람들이 많이 활용하는 소통법을 보면 기본적으로 상대의 호감을 얻기 위해 공감하고 경청하는 기술과 자신의 뜻을 효과적으로 전달해서 상대를 원하는 방향으로 이끄는 설득 기술이 대부분이다.

하지만 내가 강조하는 소통법의 핵심은 '원하는 상대와 이상적인 관계를 형성하는 것'이다. 이를 위해서는 구체적으로 두 가지 타깃을 향한 3초 표현이 필요하다.

- 상대에게 건네는 3초 표현 – 타인과 관계를 형성하고 원활한 소통을 하기 위한 접근
- 나에게 건네는 3초 표현 – 자신의 생각을 바꾸기 위한 자가 소통

상대만이 아니라 자기 자신과도 소통한다는 점이 3초 표현의 가장 큰 특징이다. 그리고 이러한 3초 표현을 활용하면 다음의 목적을 이룰 수 있다.

1) 나만의 방식으로 타인과 이상적인 관계를 쌓는다.

2) 나를 소중히 여기며 가능성의 범위를 넓힌다.

1_ 나만의 방식으로 타인과 이상적인 관계를 쌓는다(3초 표현의 목적①).

모두가 잘 알고 있듯이 사람은 누구나 일상에서 타인과 관계를 맺으며 살아간다. 특별히 의식하지 않아도 다른 사람과 얽히게 되는 순간 하나의 '관계'가 형성된다. 먼저, 타인과 관계를 형성할 때 명심해야 할 중요 포인트를 짚어보자.

● 서로가 생각하는 이상적인 관계의 형태가 일치해야 한다

무엇보다 나와 상대가 모두 편안해야 한다. 당신이 만족했더라도 상대가 불만을 느끼면 그 관계는 오래가지 못한다. 따라서 서로에게 편안한 관계 형성이 중요하다.

● 솔직한 모습으로 상대를 대해야 한다

한동안은 좋은 관계였더라도 한쪽이 억지로 참고 버텨가며 유지했던 관계라면 결국 깨지기 마련이다. 솔직한 모습으로 상대를 대하며 서로가 성장하는 이상적인 관계를 형성해야 한다.

정리하자면 서로에게 이상적인 관계를 형성하려면 나와 상대의 생각을 모두 존중하며 서로 이해할 수 있는 적정 수준의 균형을 찾아가야 한다.

하지만 말이 쉽지 이 절묘한 균형을 찾는 일이 쉬울 리가 없다. 이럴 때 3초 표현을 활용하면 된다. 3초 표현이 진솔하고 이상적인 관계를 쌓아가는 첫걸음이 되어줄 것이다.

예를 들어 상대에게 건네는 3초 표현에 '저에게 바라는 점이 있으신 가요? 참고로 알려주시면 감사하겠습니다'라는 표현이 있다. 이 표현을 활용하면 상대가 원하는 바를 직접적으로 물을 수 있다. 흔히 상대 방의 마음을 헤아리는 능력을 키워야 한다고들 하지만, 사실 남의 마음을 헤아리는 일은 결코 쉽지 않다. 차라리 이미 답을 알고 있는 상대에게 직접 물어보자.

나는 스웨덴에서 "너는 어떻게 하고 싶니?"라는 질문을 자주 들었다. 같은 맥락에서 상대에게 내가 어떻게 해주길 바라는지를 물어도 좋지 않을까? 물론 매번 솔직한 답변을 들을 수는 없겠지만, 분명 이 질문의 답이 당신과 상대의 관계를 열어주는 첫걸음이 될 것이다.

직접 소리 내어 대답하는 과정에서 상대도 자신의 의도를 정확히 파악할 수 있다. 또한 '참고로'라는 표현을 덧붙였으니 반드시 들은 답에 맞출 필요도 없다. 필요하다면 "예를 들어 ○○한 상황에서는 어떻게 하면 좋을까요?"라고 더 구체적으로 묻거나 "그건 힘들 것 같습니다만, 이 정도라면 가능합니다"라고 제안할 수도 있다.

핵심은 상대의 의견을 물었다는 사실과 어떤 방향이 서로에게 편한 지를 생각한다는 점이다.

2_ 나를 소중히 여기며 가능성의 범위를 넓힌다(3초 표현의 목적②)

'나를 소중히 여기라'라는 말을 들으면 대부분은 치유나 자기 수용을 떠올린다.

하지만 나는 '나를 소중히 여기라'라는 말의 진짜 의미는 '내가 가진 자원의 가능성과 잠재력을 최대한 끌어내서 진정으로 원하는 인생을 살라'라고 생각한다.

현재의 자신을 소중히 여길 뿐만 아니라 미래의 자신을 생각하며 때로는 다정하게, 때로는 엄하게(물론 지나치지 않을 정도로) 자신을 채찍질하며 성장할 방법을 찾고, 장·단기적 관점에서 자신이 가진 가능성을 최대한 높이는 것이 나 자신을 소중히 여기는 일이다.

나에게 건네는 3초 표현 중에 "이렇게 계속 참을 수는 없다. 서로를 위해서라도 오래 이어갈 수 있는 관계를 만들어야 한다"라는 표현이 있다. 즉 자기 자신을 소중히 여기면서 상대도 소중히 생각하자는 뜻이다.

사실 나는 일시적으로 참거나 서로의 이득을 위해 이용하고, 이용당하는 일은 나쁘지 않다고 생각한다. 분명한 목적을 가지고 구분한다면 이 또한 좋은 선택이 될 수 있다.

나는 과거 악덕 기업 수준을 넘어서 도저히 가망이 없는 최악의 기업에서도 일한 적이 있지만, 한번도 후회한 적은 없다. 오히려 지금은 진심으로 고맙게 생각한다. 그곳에서 혹사당하며 짧은 기간에 많은 기술과 지식을 익혔고, 이런저런 생각을 하면서 나 자신을 돌아볼 기회를 얻었기 때문이다.

　나를 소중히 여기기 위해 무엇을 중요하게 생각할지는 당신이 원하는 결과에 따라 달라진다. 휴식을 취하고 취미 생활에 시간을 투자하는 것만이 나를 소중히 여기는 일은 아니다. 경험과 학습을 통해 자신을 성장시키고 더 나은 사람이 되도록 노력하는 일 또한 나를 소중히 여기는 일이다.

　그렇다고 혼자만의 만족이어서는 안 된다. 한쪽의 일방적인 희생 위에 세워진 관계는 결코 오래 유지할 수 없다. 따라서 처음부터 지속 가능한 형태를 추구해야 한다. 저도 모르게 자꾸만 자기희생을 감수하게 된다면 우선 자기 생각을 주장하는 연습부터 시작하자. 당신의 생각이 받아들여져서 좋은 결과가 나올 수도 있고, 반대로 지나치게 고집을 부리면 사람이 떠날 수 있다는 교훈을 얻기도 한다.

　상대만 바꾸려 하거나 당신의 생각만 바꿔서는 부족하다. 사람 사이에 생긴 관계는 형성된 순간부터 서로에게 영향을 미치기 때문이다. 상대에게 말을 걸고 자기 자신에게 되묻는 과정을 통해 서로가 원하는 이상을 이루어 가는 일은 나와 상대를 넘어 세상 사람들과 사회, 그리고 나아가 세상과의 관계성에도 영향을 미친다. 행복이란 다양한 관계 속에서 싹터 온 세상으로 퍼져나간다. 그러니 이 책과 함께 자신의 주장을 편안하게 전달하는 방법을 차근차근 살펴보자.

모든 일이 편안해지는 마음가짐

3초 표현을 이용하면 당신의 인생을 더 즐겁게 만들고, 주변에 좋은 영향을 미칠 수 있다. 다만 그 전에 반드시 '타인과 이상적인 관계를 형성하기 위한 마음가짐'을 갖춰야 한다.

이상적인 관계를 형성하기 위한 마음가짐
- 상대에게 호감을 얻는 일에만 집착하지 않는다.
- 언젠가는 알아줄 거라는 생각을 버린다.
- 모든 감정과 생각, 행동을 받아들이고 이용한다.

1_상대에게 호감을 얻는 일에만 집착하지 않는다

타인에게 호감을 얻고 싶은 마음은 단것을 먹고 싶고, 자고 싶고, 따뜻하게 몸을 녹이고 싶다는 인간의 본능에 가까운 감정이다.

이러한 본능은 과거 동료들과 서로 도와가며 살아온 우리 선조들의 생활에서 기인했다. 미국의 심리학자 에이브러햄 매슬로우(Abraham Maslow)가 주장한 욕구의 5단계 이론을 봐도 1단계인 생리적 욕구와 2단계인 안전의 욕구를 채우기 위해서는 타인의 도움이 필요하다. 무리에서 제외되는 것은 곧 죽음을 의미한다. 또한 3단계인 사회적 욕구와 4단계인 존중의 욕구 역시 다른 사람과 관계를 형성하고 평가를 받은 일을 통해 채워진다. 그런데 5단계 욕구인 자아실현의 욕구를 충족시킬 때도 타인의 생각을 최우선으로 고려해야 할까?

타인에게 호감을 얻는다고 해서 모든 욕구가 충족되지는 않는다. 우선은 편안하고 행복한 인생을 보내기 위해 무엇이 필요한지 스스로 꼼꼼히 따져보고, 필요하다면 타인과 원만한 관계를 형성하는 일에 나서면 된다.

2_ 언젠가는 알아줄 거라는 생각을 버린다

'침묵은 금'이라는 말이 있다. 사실 인간관계는 본질적으로 평등하므로 따지자면 원래 상대가 당신의 마음을 알아줄 필요도, 당신이 상대의 마음을 알아줄 필요도 없다. 하지만 정말 아무도 당신의 생각을 알아주지 않아도 원망하지 않을 수 있을까?

상대가 알아주기를 바란다면 알아주지 않는 상대를 탓하지 말고 당신이 먼저 알기 쉬운 사람이 되어야 한다. 결과적으로 호감을 얻을지,

비호감을 얻을지는 알 수 없지만 그것이 현실이라고 받아들이고 상대에게 자신의 마음을 전하는 능력을 키워 보자.

3_ 모든 감정과 생각, 행동을 받아들이고 이용한다

감정에는 좋은 것도 나쁜 것도 없고, 맞고 틀린 것도 없다. 어떤 사람을 보고 짜증이 나거나 특정 일에는 자신이 없다고 느끼는 감정은 그냥 그렇게 느낀다는 사실, 그 이상도 그 이하도 아니다.

마찬가지로 상대가 느끼는 감정에도 좋고 나쁨이나 옳고 그름은 없다. 상대는 얼마든지 당신과 다르게 느낄 수 있다. 따라서 서로의 감정을 인정하고 어떻게 행동하면 서로에게 더 나은 결과를 불러올 수 있는지만 생각하면 된다.

이 책에서 내가 주장하는 '말 한마디로 인생을 바꾸는 방법'이란 풀어 말하면 '자신의 감정을 언어로 표현하고 정확하게 인식해서 실천하는 과정'을 반복하면서 스스로 자신의 현실을 바꾸어 가기를 바라는 마음으로 정리한 방법이다.

딱 한 줄, 딱 한 문장이 눈에 들어온 순간 마음속에 변화가 일어날 수도 있다. 깨달은 감정을 글로 적어보고 편하게 누군가에게 말해보자. 이 책을 친구와 함께 읽으며 서로 3초 표현을 연습하고 결과를 공유하는 것도 좋은 방법이다.

3초 표현이라는 말에 걸맞게 매일 마음 내키는 대로 페이지를 펼쳐서 3초간 읽어보자. 그 안에서 기억에 남았던 부분을 떠올리며 하루를 지내다 보면 당신의 인생에 멋진 변화가 찾아올 것이다.

자, 마음의 준비가 되었다면 지금부터 시작해 보자.

Part 1

솔직해질
타이밍을 잡아라

진심은 원래 말하기 어려운 법이다

혹시 속마음을 솔직히 털어놓으면 편하다는 사실을 뻔히 알면서도 고개를 저으며 그냥 입을 다물어 버릴 때가 있지 않은가?

'너랑은 상관없잖아.' '도대체 하고 싶은 말이 뭐야?' '사돈 남 말 하네.' 입 밖으로 꺼냈다가는 십중팔구 눈살이 찌푸려질 이런 말들이 머릿속에 떠오르지만, 상대를 생각해서 참았다면 당신은 소질이 충분하다!

당신은 해도 될 말과 해서는 안 될 말을 가려 할 줄 아는 곧은 성정을 가졌으며, 눈치가 빨라 주변 사람들을 배려하는 상냥한 사람이다. 이미 소질은 충분하니 이제 당신이 가진 에너지를 다른 방식으로 활용하기만 하면 지금까지와는 달리 편안하게 소통할 수 있을 것이다.

자신이 눈치가 없는 편이라고 생각하는가?

그렇지 않다. 스스로 눈치가 없다고 생각한다는 사실 자체가 눈치가 있다는 증거다. 괜히 이 눈치, 저 눈치 보느라 피곤하기만 하다면 차라리 눈치 보지 말고 그 자리의 주도권을 잡아버리자.

물론 입에 붙은 말투를 바꿔야 하는 일이다 보니 노력하는 도중에 역시 못하겠다는 생각이 들 수도 있고, 괜히 바꾸려다가 더 난처해졌다고 느낄 수도 있다.

하지만 당신을 설레게 하는 대화가 어떤 모습인지를 떠올려보자.

● 때로는 충격을 받기도 하지만 서로 솔직하게 마음을 털어놓고 오해를 풀어서 진심으로 함께 웃을 수 있는 대화

● '훌륭하십니다', '아닙니다. 과찬이십니다'라며 한껏 예의를 차리고 마음에도 없는 말을 나누는 대화

당신이 원하는 대화는 어느 쪽인가?

지금부터 이 질문에 대한 답을 찾아가며 '편안하고 행복해지는 말하기 비법'의 첫 번째 단계로 들어가 보자.

● ●

정직한 사람은 바보일까?

사람이 너무 정직하면 손해를 본다는 말이 있다.

간사하고 잔꾀에 능한 사람이 약삭빠르게 실속을 챙기는 사이에 정직한 사람은 손해만 본다는 의미다. 어쩌면 당신에게도 이 말을 뼈저리게 느끼며 크게 상심했던 경험이 있었을지 모른다.

'비겁하지만 진심과 겉치레를 교묘하게 잘 섞어야 이득을 취하더라.'

'앞에서는 칭찬을 늘어놓고 뒤에 가서는 험담을 하는 사람이 오히려 출세한다.'

'모두가 외면하는 문제를 솔직하게 언급했다가 괜히 눈치 없는 사람 취급만 당했다.'

이만큼 겉치레가 중요해진 현대사회에서 누가 속마음을 드러내고 솔직하게 살아갈 수 있겠는가.

그리고 잘 생각해보자. 사실은 당신도 다른 사람 눈에는 '속으로 무슨 생각을 하는지 모르겠는 사람'이다.

물론 당신은 그저 분란을 일으키고 싶지 않아서 다른 사람들을 위해 참느라 입을 다물었을 뿐이지 악의는 전혀 없었을 것이다. 하지만 결과적으로 당신의 그런 행동이 목소리 크고 약삭빠른 사람은 이익을 얻고, 정직한 사람은 손해를 보는 사회를 만들었을 수도 있다.

그렇게 생각하면 정직한 사람이 손해를 보는 사회는 나쁜 사람이 아니라 오히려 남을 배려하는 친절한 사람들 때문에 생겼을지도 모른다.

사실 솔직하게 하고 싶은 말을 다 하고 살면 감출 것도, 두려울 것도 없으니 자유롭고 편안하게 살 수 있어야 맞다.

하지만 현실은 그렇지 않다. '솔직함'은 그 어떤 기술보다 강하지만 현실에서는 모두가 남의 눈치를 보며 하고 싶은 말을 숨긴다. '솔직함'을 자신의 강점으로 내걸고 살아가는 방법을 아는 사람은 찾아보기 힘들다.

사람들은 속마음을 숨긴 채 계산된 대로 움직여야 모두가 편하고, 그것이 모두를 위하는 길이라고 믿지만, 사실 그런 행동은 누구에게도 도움이 되지 않는다. 단지 그런 믿음이 선량한 사람들에게 '속마음은 적당히 감추는 편이 좋다'라고 생각하게 했을 뿐이다.

지금부터 솔직하고 편안하게 살기 위해서 필요한 대전제에 관해 이야기해 보자.

●　● ●

부정당할 용기가 필요하다

우리가 무의식중에 속마음을 솔직하게 말하지 못하는 이유는 자신의 생각이 '부정'당하지 않을까 두렵기 때문이다.

'솔직히 말하면 미움받을지도 몰라.' '나만 따돌림당하면 어쩌지?'

어린 시절에 겪었던 경험이 영향을 미친 탓인지 이런 걱정을 하는 사람이 많다.

《미움받을 용기》라는 책은 베스트셀러가 되었고, 온라인 강연 플랫폼 테드(TED)를 통해 공개된 지아 지앙(Jia Jiang)의 '100일간의 거절을 통해 배운 것들'이라는 강연 영상은 조회수 1천만 건을 넘었다. 그만큼 부정당하거나 거절당하는 일을 두려워하고 극복하고 싶어 하는 사람이 많다.

그런데 부정당하지 않겠다는 생각을 최우선으로 삼으면 어떤 일이 벌어질까? 어쩌면 이렇게 되지 않을까?

- 부정당할지도 모르니 내 생각은 말하지 말자.
- 생각이 다르면 부정당할지도 모르니 다른 사람의 생각을 따라가자.

하지만 가만히 입을 다물고 다른 사람에게 맞춰가며 분란을 만들지 않도록 참고 또 참는 인생이 과연 편안할까? 우리에게는 무슨 일이든 할 수 있는 능력이 있다. 그런 우리가 왜 힘겹게 참고 살아야 하는가.

● ● ●

삶의 두 가지 방식

삶에는 두 가지 방식이 있다.

● **남에게 맞추며 제일 먼저 '자기 생각'부터 스스로 부정하는 삶.**
– 말하지 않으니 아무도 알아주지 않고, 당연히 원하는 바도 이룰 수 없다.
● **다른 사람의 생각에 귀 기울이며 '자기 생각'을 표현하는 삶.**
– 주변 사람들에게 당신의 생각을 인정받고, 당신도 원하는 바를 이룰 수 있다.

첫 번째 방식은 언뜻 분란을 일으키지 않고 사람들과 소통할 수 있는 방식처럼 보일 수도 있지만 평생 참기만 해야 하는 삶이다. 반면 두 번째 방식은 편안한 상태가 될 때까지 시간은 조금 걸릴지 모르지만 결국은 당신이 원하는 바를 이룰 수 있는 삶이다.

핵심은 당신이 어느 방식을 원하는지에 있다.

원하는 바를 이루는 경험을 거듭하다 보면 생각보다 사람들이 타인의 생각을 존중한다는 사실을 깨닫게 된다. 자신의 생각대로 사는 일이 생각만큼 어렵지 않으며 세상 속에서 사람들에게 인정받는 자신의 모습을 좋아하게 된다.

그러면 늘 편안하고 행복한 마음으로 사람들을 대하게 되고, 당신의 친절이 모두를 행복하게 만들면 당신의 세상 역시 더욱 아름다워진다. '솔직함'은 사람을 기분 좋게 하고 나와 타인, 나아가 세상의 소중함을 일깨워 아름다운 세상을 만드는 힘을 가졌다. 앞에서 '솔직함'이 가장 강력한 기술이라고 말한 이유가 여기에 있다.

● ● ●

지금 이대로 괜찮을까?

다만 '다른 사람의 생각에 귀 기울이며 자기 생각을 표현하는 삶'을 선택해서 주변 사람들에게 인정받고 원하는 바를 이루며 살기 위해서는 먼저 달성해야 하는 조건이 있다.

- 자신의 장단점을 인식한다.
- 자신의 솔직한 모습을 사람들에게 인정받는다.

오해하지 않았으면 좋겠다. 안타깝게도 지금의 모습을 있는 그대로 보여주기만 하면 된다거나 하고 싶은 말을 솔직하게 쏟아내기만 하면 모두에게 호감을 얻을 수 있다는 말은 아니다. 나 혼자만 편해지고자 한다면 '자기밖에 모르는 짜증 나는 사람'일 뿐이다. 그래서 이 두 가지

조건을 달성하려면 상당한 노력이 필요하다.

하지만 어차피 쉽지 않다면 속마음을 감추고 이대로 계속 참는 것보다는 솔직하고 편안하게 살기 위해 노력하는 편이 낫지 않을까?

여기까지 읽은 독자라면 솔직하고 편안하게 사는 삶을 선택한 사람일 것이다. 하지만 막상 어떻게 하면 편안한 삶을 살 수 있는지 구체적인 방법을 몰라 고민하고 있을지도 모른다. 그럴 때 다음과 같은 '상대에게 건네는 3초 표현'을 활용해 보자.

상대에게 → "제가 거짓말을 잘 못합니다. 처음부터 솔직하게 말씀드려도 될까요?"

진심 어린 소통을 하고 싶다면 처음 건네는 한마디가 중요하다. 처음 만나는 사람이라면 의외로 건네기 쉬운 말이기도 하다. 먼저 자신이 거짓말이나 포장을 좋아하지 않는다는 사실을 상대에게 알리자.

여기서 핵심은 '원하는 결과를 얻으려면 어떤 말을 건네야 하는가?'다.

3초 표현의 목적은 진심 어린 소통을 할 토대를 쌓는 것이다. 거짓 없이 꾸미지 않은 진심을 중시하는 당신의 가치관을 공유하고 그에 맞는 태도를 확실하게 보여주어야 한다.

소통을 주제로 한 다른 책을 보면 '상대를 주어로 놓고 말하라'고 조언하기도 하지만 그러다 자칫 강요하는 인상을 줄 수도 있다. 예를 들어 상대를 주어로 놓고 '(당신은) 솔직하게 말씀해 주세요'라고 말하면 어딘지 몰아세우는 느낌이 들지만, 자신이 먼저 '저는 속마음이 표정에 다 드러나는 사람이라 감추지를 못해요'라고 말하면 상대가 느끼는 거부감을 낮출 수 있다.

거짓말을 잘 못한다, 바로 얼굴에 드러난다, 남의 말을 잘 믿는다. 실제 사용하는 표현은 어떤 말이든 상관없다. 당신이 내키는 표현을 선택하면 된다. 어떤 표현이든 이렇게 시작하면 솔직하게 속마음을 털어 놓을 수 있어서 당신도 마음이 편하고, 그만큼 상대도 솔직해진다. 결과적으로 대화를 쉽게 이해할 수 있다.

여기서부터 편안한 소통이 시작된다.

나에게 → "솔직하게 말하지 않는 건 자기보호본능일 뿐이야."

물론 첫 만남에서 상대에게 '거짓말을 잘 못하는 사람'이라는 말을 꺼내는 것 자체가 쉽지는 않다. 하지만 다시 한번 생각해 보자. 당신이 솔직해지지 못하는 이유는 뭘까? 상대를 배려하기 때문일까? 그렇지 않다. 그저 자신의 의견이 부정당하거나 받아들여지지 않을까 두렵기 때문이다. 그러니 마음 놓고 솔직해져도 괜찮다.

● 상대도 솔직하다고 믿어라.

당신이 솔직해진 만큼 상대도 솔직해질 권리가 있다. 당신의 말을 듣고 분명 상대도 자기 나름대로 생각해서 행동할 테니 조금도 걱정할 필요 없다.

● 부정당한 것은 당신의 생각일 뿐 당신 자신이 아니다.

상대가 당신의 생각을 부정했다고 해서 당신의 인격 자체를 부정한 것은 아니다. 생각과 인격은 별개의 문제다. 만약 상대가 이 두 가지를 혼동한다면 이는 단순히 그 사람의 문제일 뿐이다.

부정당할까 겁나서 솔직하게 말하지 않았다가 일이 터지고 나서야 상대를 두고 '제멋대로에 다른 사람을 배려하지 않는 눈치 없는 사람'이라고 분통을 터뜨려 봐야 제 속만 상한다.

잘 생각해 보자. 당신이 속마음을 감추는 이유는 상대를 배려하기 때문이 아니라 그저 나 자신을 보호하려는 본능은 아닐까? 우선은 자신의 마음부터 솔직하게 인정해 보자.

모든 소통에는 목적이 있다

상대와 대화를 할 때마다 생각을 확실하게 전달해야겠다고 굳게 마음먹지만 실제로는 잘되지 않을 때가 많다.

이럴 때 활용할 수 있는 효과적인 방법이 있다. 업무 효율을 높여주는 기법인 'Plan(계획)-Do(실행)-Check(확인)-Action(개선)', 즉 PDCA 사이클이다. 주로 의사결정 과정에서 사용하는 PDCA 사이클은 소통에도 꽤 효과적이다.

일의 성과를 평가하고 부족한 점을 개선할 때는 일반적으로 목적에 따라서 진행하기 마련이다.

그렇다면 소통의 '목적'은 무엇일까?

소통에서는 상대와 어떤 관계를 원하는지에 관한 의도와 자신이 생각하는 이상적인 모습, 사이좋게 지내고 싶다는 마음, 호감을 얻고 싶다는 바람이 목적이 될 수 있다. 또는 존경받고 싶거나 무언가를 배우고 싶다는 마음, 함께하고 싶다는 생각이 동기가 될 수도 있다. 이와 같은 목적에 따라 원하는 성과를 내면 성공이고 그렇지 못하면 실패가 된다.

사실 특별히 인식하고 있지 않더라도 우리는 모두 특정 목적을 품고 타인에게 다가간다.

따라서 목적에 맞춰 소통할 때 PDCA를 활용하면 서로가 생각하는 '이상적인 관계'를 일치시킬 수 있다.

● ●

정확도보다는 속도가 중요하다

모든 소통에 목적이 있듯이 한마디 한마디의 말에도 '목적'이 있다. 하지만 평소 말을 할 때마다 일부러 목적을 떠올리며 할 말을 고르는 사람이 얼마나 될까? 설사 그렇게 했더라도 자신의 의도가 상대에게 제대로 전해지지 않아서 오해를 사거나 예상치 못한 반응이 나와 충격을 받는 일도 적지 않다.

하지만 과거 미국의 대통령이었던 에이브러햄 링컨이 "인생의 대부분은 우정으로 이루어져 있다"라는 말을 남겼듯이 사람들과 함께 어우러져 멋진 인생을 살고 싶다면 반드시 소통 능력이 필요하다. 지금부터 소통 능력을 키우는 PDCA 사이클에 관해 생각해 보자.

소통에 활용하는 PDCA

P▶ 계획: 상대에게 어떤 인상을 주고 싶은지 목적을 정하고 목적에 맞는 적절한 말과 행동을 찾는다.

D▶ 실행: 실제로 행동에 옮긴다.

C▶ 평가: 상대의 반응과 행동, 그것을 통해 내가 느낀 점을 확인한다.

A▶ 개선: 스스로 돌이켜 생각해 보고 다른 사람의 의견도 참고해 접근법을 목적에 맞게 조정한다.

단계별로 나누어 놓아서 어려워 보일 수도 있지만, 소통에서 PDCA 사이클을 활용할 때는 정확도보다는 속도가 중요하다는 점을 반드시 명심하자. 대화의 분위기, 관계성, 인상은 시시각각 변하기 때문에 순간적으로 이상하다는 느낌이 들면 그 즉시 바꿔야 한다.

처음부터 완벽할 필요는 없다. 상황에 맞춰 가능한 선에서 신속하게 바꾸면 된다.

아예 바꾸는 것 자체를 목적으로 삼아도 좋다. 말을 꺼내고 친근하게 웃었는데 오히려 상대가 거북해하면 바로 다른 말로 돌려보자. 상대가 말과 표정, 행동을 통해 보이는 반응과 자신이 느끼는 감각의 변화를 습관처럼 항상 주시해야 한다.

구체적인 방법은 뒤에서 다시 설명하겠지만 실제로 직접 대화에 활용해 보면 결과가 바로 나타나기 때문에 실력을 빠르게 키울 수 있다. 일단은 직접 부딪쳐 보자.

● ●

이상과 목적은 능동적으로 정하라

사람은 누구나 대화를 할 때 무의식중에 상대에게 무언가를 바라게 된다. 한쪽이 일방적으로 자기 자랑만 늘어놓을 때 짜증이 나는 이유도 '내 이야기도 좀 들어주었으면' 하고 바라기 때문이다. 미처 인식하지 못했더라도 우리는 모두 자신만의 이상적인 대화 기준을 가지고 있고, 그 기준에 미치지 못하면 본능적으로 스트레스를 받는다.

따라서 '이 정도면 된다'라는 담백한 기준을 스스로 정확히 인식하는 것이 중요하다.

기준이 명확하면 스트레스를 받을 일이 없고 편안하고 긍정적으로 대화할 수 있다. 고개를 갸웃할 독자도 있을 테니 지금부터 이상적인 기준을 인식해야 하는 이유를 조금 더 자세히 살펴보자.

자신이 생각하는 이상적인 대화의 기준을 인식하면 편안해지는 이유

● 어떤 대화든 능동적으로 자신이 선택한 행동이며 원하는 바이기 때문에

● 모든 순간이 소통 능력을 키우는 과정이 되기 때문에

● 성장과 행복을 동시에 느낄 수 있기 때문에

1_ 어떤 대화든 능동적으로 자신이 선택한 행동이며 원하는 바이기 때문에

　먼저 자신이 원하는 바를 생각하고 스스로 어떻게 행동할지를 정한 다음 실행하면 설사 그 행동 자체가 '남의 말을 들어주는 일'이거나 '상대의 말을 따라야 하는 일'이라도 결국 모두 자기 자신이 능동적으로 선택한 행동이다. 스스로 원해서 선택한 행동이라면 후회할 일이 없으니 당연히 불쾌해질 일도 없다.

2_ 모든 순간이 소통 능력을 키우는 과정이 되기 때문에

　이상적인 기준과 목적이 명확하면 대화가 자기 생각대로 진행되고 있는지, 엇나가고 있는지를 알 수 있다. 떨떠름한 표정이나 찌푸린 미간, 호탕한 웃음을 비롯해 상대가 보이는 모든 반응에 대응하는 일은 예상한 반응이든, 예상하지 못한 반응이든, 모두가 소통의 정확도를 높이는 훈련 과정이 된다.

3_ 성장과 행복을 동시에 느낄 수 있기 때문에

　사람은 '이대로는 안 된다'라는 생각이 있어야 성장할 수 있다. 현재

에 만족하며 행복감에 젖어있으면 성장할 힘을 잃어버린다. 그래서 성장과 행복의 균형을 유지하는 일이 어렵다.

하지만 평소 능동적으로 행동하면 성장 자체에서 행복을 느끼며 계속 성장하는 길을 스스로 찾게 된다.

인생을 살다 보면 잘될 때도 있지만 그렇지 않을 때도 있다. 그럼에도 모든 경험을 자신에게 필요한 일로 인식하고 자신을 성장시키는 원동력으로 삼으려면 항상 어떻게 행동해야 좋을지, 어떻게 하고 싶은지를 스스로 생각해서 행동해야 한다.

억지로 참으며 불만만 쌓는 일상이 아니라 스스로 생각하고 깨달아서 행복을 느끼며 성장하는 하루하루를 보내면 어느 순간 편안하고 행복하게 사는 자신을 발견할 수 있을 것이다.

편안하고 행복한 삶을 위한 도전에 나서는 당신에게 필요한 3초 표현은 다음과 같다.

상대에게 → "제가 잘 말씀드렸는지 모르겠습니다."

혹시 상대가 당신의 의도가 제대로 이해하지 못했다고 느껴지면 그 마음을 있는 그대로 말해보자. 그러면 상대는 '꼭 하고 싶은 말이 있었구나', '잘못 이해할 수 있는 이야기를 한 건가?'라는 생각에 더 진지하게 귀를 기울이게 된다.

당신은 명확하게 전달했다고 생각하지만, 사실 상대가 정확히 이해했다고 단언할 수는 없다. 말하는 일에 익숙해지면 질수록 오히려 상대가 어떤 부분을 이해하지 못했는지 깨닫지 못하는 경향이 있다.

이때 "잘 말씀드렸는지 모르겠네요"라는 말을 건네면 상대도 미처 이해하지 못했던 부분을 편하게 다시 물어볼 수 있다. 결과적으로 서로를 더 깊게 이해할 수 있게 된다.

"잘 말씀드릴 수 있을지 모르겠습니다만, 최선을 다해보겠습니다"라는 말은 자기 비하가 아니라 적절한 겸손의 표현이다. 물론 완벽하게 의견을 말할 수 있다면 더할 나위가 없겠지만, 열심히 최선을 다하려는 모습만 느껴져도 상대는 당신을 이해하려고 노력하게 된다.

나에게 → "틀려도 손해 보는 사람은 없어. 일단 말해."

말할까? 제대로 설명하지 못하면 어쩌지? 그냥 가만히 있어야겠다. 이런 생각을 하며 혼자 아무리 고민해봤자 상대는 전혀 모른다. 논점에서 벗어나거나 틀린 말을 할지도 모른다는 걱정은 접어두자. 지금 내가 무슨 말을 했는지는 몇 년만 지나면 아무도 기억하지 못한다. 당신이 한 말은 시간이 지날수록 상대의 기억 속에서 희미해져 간다.

그 말을 신경 쓰는 사람은 오로지 당신뿐이다. 정말 중요한 실수가 아닌 이상 '죄송합니다. 실수했네요'라고 사과하면 대부분 이해하고 넘어가는데도 말이다. 실패해도 괜찮다. 용기를 내서 일단 말을 꺼내보자.

● ●

모든 아이디어는 활용할 수 있다

앞에서 PDCA 사이클을 소통에 활용하는 방법을 설명했다. 참고로 사이클의 정확도를 단숨에 높일 수 있는 방법이 하나 있다.

소통 능력이 뛰어난 사람에게 피드백을 받는 것이다.

'이상적인 관계를 형성하고 싶다.' '저 사람처럼 말을 잘하고 싶다.' '평소 내 행동을 바꾸고 싶다.' 이런 목표를 세웠다면 목표 달성을 위한 노력의 하나라고 생각하고, 소통 능력이 뛰어난 사람에게 조언과 피드백을 부탁해 보자.

피드백이란 상대의 행동을 살펴보고 개선점을 지적하는 일을 말한다. 나는 영업직으로 일할 때 고객을 만나고 오면 매번 구체적인 상황을 선배와 공유하고 어떻게 해야 할지, 어떻게 하면 더 좋을지에 관한 조언을 구했다.

조언을 듣고 좋은 아이디어라는 생각이 들면 바로 실전에 적용하기도 했지만, 가끔은 '정말 그럴까?'라는 의문이 들 때도 있었다. 사실 소통 능력이 뛰어난 사람의 조언이라고 해서 항상 옳지는 않다. 직감적으로 소통을 잘하는 사람은 오히려 소통에 서툰 사람의 마음을 이해하지 못하는 경우가 많다.

하지만 가슴에 와닿지 않는 아이디어도 도움은 된다.

1_ 일단은 조언받은 대로 해본다

나는 내가 존경하는 스승이나 선배의 말은 믿고 따르는 편이다. 그들은 분명 나보다 많은 것을 알고 있을 테니 일단은 해보고 생각처럼 되지 않으면 그때 방법을 바꾸면 된다. 소통에 PDCA 사이클을 활용할 때 가장 중요한 점은 신속함이다. 받은 조언이 정답인지 아닌지 모르겠다면 일단은 하나의 선택지로 놓고 시도해 보자.

2_ 조언을 참고해서 내 방식대로 조정한다

경험이 많은 사람들은 조언을 들으면 거기에 담긴 배경과 의도를 분석한다. 무조건 다 따를 필요는 없다. 그렇게 생각하는 사람도 있다는 사실을 인식하는 것 자체가 중요하다.

● ●

모든 현상은 미래의 가능성이다

사실 일부러 피드백을 받지 않아도 소통 능력을 높일 수 있는 방법이 있다. 상대가 무의식중에 드러내는 피드백을 활용하면 된다.

상대는 말로 하지 않아도 '반응'으로 자신이 원하는 바를 드러내기마련이다. 예를 들어 대화 중간에 갑자기 말이 끊어졌을 때 상대가 화제를 다시 돌리려고 하지 않는다면 '그 이야기는 그만하고 싶다'라는뜻이고, 눈을 피한다면 '달리 궁금한 점이 있다'라는 뜻이다. 반대로 당신 쪽으로 몸을 당긴다면 '더 듣고 싶다'라는 뜻이다. 이렇듯 눈앞에 있는 상대가 보이는 반응과 태도가 모두 중요한 피드백이 된다. 다들 쉽게 이미지를 떠올릴 수 있을 것이다.

말을 하거나 몸을 움직이는 행동, 또는 아무것도 하지 않는 행동조차 주변에 영향을 미치고 그 반응으로 벌어지는 현상이 귀한 힌트나 피드백이 된다.

　어쩌다 서로 잘 맞지 않는 상대를 만났더라도 그 사람이 보이는 반응에서 '이 사람과는 좋은 결과를 낼 수 없겠다. 이 시간에 다른 사람을 만나는 편이 서로에게 좋다'라는 사실을 깨달았으면 그것으로 충분하다. 덕분에 꼭 만나야 하는 사람을 만나 더 유익한 시간을 보낼 수 있을지도 모른다.

　눈앞에서 벌어진 현상에서 교훈을 얻어 응용해 보자. 세상 모든 일은 나를 발전시키는 힌트가 된다.

● ● ●

'대답'보다 '질문'이 중요하다

하지만 힌트를 얻어도 좋은 방향으로 활용하지 못해서 인생이 생각 대로 흘러가지 않으면 결국 화가 나고 다 포기하고 싶어진다.

당연한 일이다. 그래서 어떤 답을 얻었는지보다 그다음에 이어갈 질 문이 더 중요하다.

'나는 이 일에서 무엇을 느꼈는가, 그래서 어떻게 하고 싶은가?'

목적은 달성했는지, 예상했던 반응을 얻었는지와 같은 결과가 아니 라 그 상황에서 당신이 느낀 감정이 더 중요하다.

미움을 받아도 괜찮다. 말이 통하지 않는다는 말을 들어도 상관없다. 감정이 격해져서 결국 다시는 보지 말자는 말이 튀어나와도 어쩔 수 없다.

이런 마음가짐을 바탕에 두고 찬찬히 생각해 보자.

눈앞의 상대에게 계속 호감을 사고 싶은지, 자신을 더 잘 이해해 줄 사람을 만나고 싶지는 않은지, 정말 상대를 좋아하고 싶은지를 곰곰이 생각해 보자. 사실 벌어진 사건이나 현실 자체에는 큰 의미가 없다. 그 상황에 맞닥뜨렸을 때 당신이 느낀 감정과 당신이 내린 해석이 가진 의미가 훨씬 중요하다.

'무엇을 느꼈는가? 그래서 어떻게 하고 싶은가?'

이 질문을 시작으로 원하는 바를 이루어 보자.

상대에게 → "앞으로 도움이 될 말들을 해주셔서 감사합니다."

만약 상대가 기운이 빠져 있다면 격려의 말로 힘을 북돋아 주자.

"인생을 살다 보면 다양한 일을 겪기 마련이지만 모든 경험은 삶의 양분이 된다." 아마 이 말에는 상대도 100% 동의하지 않을까?

'모르는 게 약'이라는 말도 있지만 나는 '아는 게 힘'이라는 생각이 올바른 자세라고 생각한다.

무슨 뜻인지 몰라도 되는 말은 없다. 내 인생에 필요한지 필요하지 않은지를 판단하려면 일단은 무슨 의미인지 알아야 한다.

의미를 파악하고 무언가를 느껴서 그에 따라 생각하고, 어떻게 하고 싶은지를 결정하는 과정은 모두 당신의 인생을 더 빛나게 할 소중한 경험이다. 무슨 일이든 예상한 대로 순조롭게 진행되면 더할 나위 없겠지만, 실패도 미래의 성공을 위한 힌트가 된다는 사실을 명심하자. 때로는 상대에게 긍정적인 말을 건네며 희망찬 앞날을 향해 나아갈 힘을 심어주자.

나에게 → "예상과 달라. 그렇다면 이건 기회야!"

먼저 이상한 점을 느낀 자신을 칭찬하자. 문제가 생겼을 때든, 해결 방법을 찾아야 할 때든 일단 어딘가 어긋나고 있다는 사실을 깨닫는 일이 먼저다. 어딘지 위화감을 느꼈다면 3단계의 개선 과정을 밟아가면 된다.

- 위화감을 인식한다.
- 해결하려면 무엇을 해야 하는지 생각한다.
- 생각을 행동으로 옮기며 원하는 방향으로 끌어간다.

문제가 있어도 애당초 이상한 점을 느끼지 못하면 대처하고 개선해서 해결하는 일은 불가능하다. 예상과 다르다고 느꼈다는 사실 자체가 성공으로 올라서는 중요한 발판이 된다.

실망만 부르는 '나쁜 칭찬'

'칭찬하기'는 소통을 이야기할 때 빼놓을 수 없는 기술 중 하나다. 확실히 흠을 잡아 지적하기보다는 칭찬하는 편이 낫다. 칭찬은 원활한 소통을 위한 윤활유라고도 할 수 있다.

다만 칭찬을 하면 상대에게 호감을 얻을 수 있다는 말을 듣고 '아, 그렇구나. 그럼, 일단 무조건 칭찬부터 하자!'라며 아무렇게나 칭찬을 건넨다면 아무도 기분 좋아하지 않는다. 어쩌면 당신도 이런 실수를 하고 있을지 모른다.

'나쁜 칭찬'을 막아주는 자가 체크!
- 상대가 당신의 빈말을 알아차리지 못하리라 생각하는가?
- 칭찬은 결국 아부라는 생각에 자존심이 상하는가?
- 대상을 가리지 않고 무조건 칭찬하면 오히려 신뢰도가 떨어진다는 사실을 알고 있는가?

1_ 상대가 당신의 빈말을 알아차리지 못하리라 생각하는가?

'무조건 칭찬부터 하고 보자!'라는 생각을 할 때 그 중심에 있는 사람은 상대가 아니라 자신이다. 이때 당신에게는 상대가 칭찬받을 만큼 뛰어난 사람인지 아닌지는 중요하지 않다. 그저 칭찬을 통해 상대에게 호감을 사고 싶고 이를 위해 노력하는 자신이 대견할 뿐이다. 하지만 전혀 소용없는 노력이다. 당신의 억지 칭찬을 상대가 모를 리가 없다.

2_ 칭찬은 결국 아부라는 생각에 자존심이 상하는가?

혹시 칭찬해야만 상대에게 호감을 살 수 있다고 생각하는가? 하지만 당신에게 호감을 보이는 이유가 칭찬 때문이라면 반대로 '칭찬하지 않으면 특별히 당신을 좋아할 이유가 없다'라는 뜻이기도 하다. 호감을 얻고 싶거나 상대가 자신을 똑같이 떠받들어 주기를 바라는 마음에서 나오는 칭찬은 '이기적인 칭찬'이다. 진정한 칭찬은 상대의 매력에 반했을 때 자연스럽게 흘러나오는 법이다.

진정한 칭찬은 아부가 아니다. 아양을 떨거나 억지로 칭찬을 짜내지 말고 자연스럽게 다가가 호감을 얻는 사람이 되자.

3_ 대상을 가리지 않고 무조건 칭찬하면 오히려 신뢰도가 떨어진다는 사실을 알고 있는가?

되는대로 아무거나 칭찬하려고 하다 보면 어쩔 수 없이 말이 가벼워진다.

예를 들어 패션 감각이 뛰어난 사람이 누가 봐도 꾸미는 일에 소질이 없는 사람에게 '오늘 참 멋지시네요'라고 칭찬했다고 하자. 그 말을 들은 상대는 무슨 생각을 할까? 상대의 칭찬을 순수하게 믿을 수 없는 것은 물론 자신을 건성으로 대하고 있다는 느낌을 받지 않을까?

'칭찬'은 섬세하고 어려운 기술이다. 하지만 또한 매우 즐거운 일이기도 하다. 상대의 숨은 매력을 발견하고 진심으로 감탄해서 상대를 기쁘게 하는 일이다. 그러니 당신의 감각에 집중해서 상대의 진정한 매력을 찾아내 진심 어린 칭찬을 건네보자.

● ●

눈치 없는 사람은 없다

사람을 대하다 보면 어쩐지 상대가 거짓말을 하고 있다는 생각이 들 때가 있다.

적당한 겉치레나 입발림 소리는 신기하게도 그냥 알게 된다. 왜 그럴까? 이유는 사람이 본능적으로 매우 예민한 생물이기 때문이다.

우리는 모두 '타인과 원만한 관계를 형성하고 서로를 배려하는 인간'의 자손이다. 인간이 지능은 높아도 신체적 능력은 약했기 때문에 혼자서 살 수 없다는 사실을 깨닫고 항상 무리를 지어 살았다. 역사 교양 서적 《사피엔스》의 저자 유발 하라리(Yuval Harari) 교수도 호모사피엔스가 살아남을 수 있었던 이유는 '인지혁명'을 통해 실존하지 않는 개념을 함께 믿는 '상상력'을 발휘했기 때문이라고 주장했다.

인간에게 타인과 원만한 관계를 유지하며 정보와 자원을 공유하는 행위는 말 그대로 생사를 결정짓는 중요한 문제다. 따라서 우리에게는 유전적으로 타인의 기분에 예민하게 반응할 수 있는 능력이 있다.

인간은 예민한 생물이다. 그러니 상대도 당연히 알아차린다는 생각을 염두에 두고 다가가야 한다. 먼저 '적당히 칭찬하면 모르겠지'라며 상대를 얕잡아보는 태도부터 버리자. 상대를 존중하고 솔직하게 대하면 자연스럽게 당신과 가치관이 비슷한 사람들이 주변으로 모여들게 된다. 행복하고 편안한 인생은 기분 좋은 인간관계에서 시작된다.

상대에게 → "저는 마음에 없는 말은 못하는데, 솔직히 정말 대단하시네요."

진심으로 상대를 칭찬하고 싶다면 스스로 '마음에 없는 말은 못하는 사람'이라는 캐릭터를 설정해 보자.

칭찬을 받았으니 나도 칭찬해야 한다는 부담감에 서로 경쟁하듯이 마음에도 없는 칭찬을 늘어놓으면 결국 피곤하기만 할 뿐이다. 사람은 누구나 겉치레가 아니라 진심 어린 칭찬을 듣고 싶어 한다. 처음부터 마음에 없는 말은 못하는 사람이 진심으로 감동해서 저도 모르게 칭찬하는 상황이 가장 이상적이다.

물론 감동할 만큼 칭찬할 부분이 없을 수도 있다. 그럴 때는 진심으로 부럽고 동경할 만한 부분이 아니라 단순히 '잘한다'라고 느껴지는 부분을 솔직하게 말하면 된다. 자신이 생각하는 이상적인 모습이나 관심은 일단 접어두고 상대가 잘하는 부분을 칭찬한다. 사람은 대단한 칭찬이 아니라도 진심이 느껴지면 기뻐하기 마련이다.

나에게 → "거짓말은 하지 말자."

입발림 말이나 거짓말은 하지 말자. 심리학자 클라우디아 메이어 (Claudia Mayer) 박사는 사람이 하루에 200번 정도의 거짓말을 한다고 말했다. 의식적으로 자신이 거짓말하는 횟수를 세어보면 아마 다들 놀랄 것이다. 사람이 거짓말을 하는 이유는 주로 자기 자신을 보호하기 위해서다. 솔직하게 말했다가 상대가 실망하거나 자리의 분위기가 깨지지 않을까 두렵기 때문이다.

스웨덴 사람들의 생각에는 기본적으로 '상대에게는 상대의 생각이 있고 나에게는 내 생각이 있다'라는 개념이 자리 잡고 있다. 찬찬히 생각해 보자. 사실 나와 상대의 생각이 다르다는 것 자체는 문제가 되지 않는다. 불편함은 생각이 다르다고 해서 자기 생각을 강요하거나 상대의 생각을 무시하는 태도를 보였을 때 느끼게 된다.

너는 너고 나는 나다. 솔직하게 자기 생각을 말해보자. 의외로 상대도 자연스럽게 받아들일 것이다.

● ●

진정한 믿음을 위한 다짐

타인의 모습은 거울 속 자기 모습이라는 말이 있다. 그런 의미에서 생각하면 타인을 믿는 일은 곧 자기 자신을 믿는 일이다. 애당초 다른 사람을 믿는 자신을 믿지 못하면 타인을 믿는 행위 자체가 성립하지 않는다. 하지만 그럼에도 여전히 사람을 믿는 일 자체가 쉽지 않다고 토로하는 사람들이 많다. 나는 그런 사람들에게 사람을 믿고 함께 어울려 사는 즐거움을 알려주기 위해 세 가지 다짐을 하게 한다.

진심으로 나와 상대를 믿기 위한 다짐
- 최선을 다해 상대의 장점을 찾는다.
- 무조건 내 가치관이 옳다는 생각을 버린다.
- 상대에게는 나보다 잘 맞는 사람이 있다고 생각한다.

1_ 최선을 다해 상대의 장점을 찾는다

당신의 최선은 거짓된 칭찬을 꾸며내는 일이 아니라 '진심으로 칭찬할 장점을 찾는 일'에 써야 한다.

사람은 상대의 장점을 발견하면 '이렇게 멋진 사람과 함께 하는 자신도 멋진 사람'이라고 생각하게 된다. 반대로 자신과 맞지 않는 사람과 억지로 관계를 유지하면 점점 자신이 하는 행동도 마음에 들지 않게 된다.

상대의 장점을 발견하면 순수하게 감탄하고 칭찬하자. 하지만 각자가 생각하는 정의와 서로의 버릇, 소중하게 여기는 부분이 맞지 않는다면 한 발 떨어져 거리를 두어야 한다. 그래야 나와 세상, 그리고 인생을 긍정적인 마음으로 바라볼 수 있다.

2_ 무조건 내 가치관이 옳다는 생각을 버린다

다만 조심해야 할 부분이 있다. 상대의 장점을 찾아야 한다는 생각이 앞서 아예 부정적인 평가는 하지도 못하는 잘못을 범해서는 안 된다. 비판도 칭찬과 마찬가지로 편하고 자유롭게 해야 한다.

자신의 가치관이 무조건 옳다고 믿으면 모두 나와 똑같다고 생각하거나 자기 생각이 절대적인 진실이라고 착각하기도 한다. 예를 들어 '타인의 생각을 비판하면 안 된다'라는 가치관을 가지고 있으면 자신이나 타인에게 잘못된 정의감을 강요하게 될 수 있다. 모든 감정이나 생각은 어디까지나 개인의 가치관에 불과할 뿐 절대적 사실이 아니다. 자신의 개인적인 생각이라는 점을 잊지 말자.

3_ 상대에게는 나보다 잘 맞는 사람이 있다고 생각한다

사귀던 사람과 헤어지고 싶은데 '나 아니면 저런 사람과 누가 사귀어 줄까?' 싶어서 망설였던 적이 있는가? 그런 일은 절대 없으니 안심하길 바란다.

당신과 헤어지면 상대에게도 더 잘 맞는 상대가 나타난다. 다시 말해 당신이 헤어져 주지 않으면 상대는 천생연분을 놓쳐버릴 수도 있다.

시간은 이율배반적이다. 특정 일이나 사람에게 시간을 쓰는 순간 그 시간은 다른 일이나 사람에게는 쓸 수 없다. 당신이 맞지 않는다고 생각하는 상대와 참아가며 만나면 결국 상대는 진심으로 그를 존경하고 좋아하는 누군가와 함께할 수 있는 시간을 빼앗기게 되는 셈이다.

비단 연애에만 국한된 이야기는 아니다. 상황에 따라서는 상대에게 이별을 고하는 일이 현재 당신이 할 수 있는 최고의 배려일 수도 있다. 앞에서 말한 세 가지 다짐을 마음속에 새기고 나와 상대를 믿는 마음을 키워보자.

상대에게 → "당신만이 도와줄 수 있는 사람이 분명히 있을 거예요."

'내 의견 따위는 말해봤자 소용없어'라고 생각할 수도 있다. 하지만 100명 중 99명에게는 아무 의미가 없는 말이었더라도 단 한 사람에게는 보석 같은 구원의 한 마디가 될 수도 있다. 실제로 내가 몇 년 동안 수도 없이 읽었고 내 인생을 바꿔주었다고 생각하는 책 중 하나는 인터넷 리뷰 별점이 다섯 개 중 두 개다.

사람의 생각은 각자 다 다를 수밖에 없다. 세상 어딘가에는 분명 당신의 한마디를 기다리는 사람이 있다는 사실을 잊지 말자.

나에게 → "내 생각은 나에게만 정답이야. 다른 사람과는 관계없어."

앞에서도 언급했듯이 우리는 무심코 다른 사람도 나와 똑같이 생각한다고 믿는다. 하지만 지금 느낀 감정과 생각은 '내가' 느꼈을 뿐이라는 자세를 잊지 말아야 한다. 하나의 사건이나 사물을 보고 어떤 생각을 떠올리고 어떤 느낌을 받는지는 사람마다 다르다. 내가 느끼는 방식은 나만의 방식이며 상대에게는 상대의 방식이 있다.

또한 누가 뭐라고 하든 당신이 느낀 감정은 당신에게는 옳다는 사실도 잊지 말자. '너는 참 이상해'라는 말을 들으면 '너는 이해하지 못해'라며 가볍게 넘겨버리자. 가끔은 아무리 봐도 이해하지 못한 것 같은

데 '이해한다'라고 말하는 상대를 만날 때도 있다. 이때 상대가 나를 이해한다고 느끼는 감각 역시 그 사람에게는 옳은 감정이다. 당신이 이러쿵저러쿵 판단할 문제가 아니다.

오스트리아의 언어철학자 루드비히 비트겐슈타인(Ludwig Josef Johann Wittgenstein)은 "당신이 옳다고 생각했으면 그것으로 충분하다. 누가 뭐라고 하든 그 사실은 변하지 않는다"라는 말을 남겼다. 나는 자신을 향한 깊은 애정의 핵심을 정확히 짚은 이 명언을 부적처럼 마음에 새기고 다닌다.

사람들이 알아주지 않아서 부정적인 감정이 파도를 칠 때는 "모든 사람이 나와 똑같이 생각할 수는 없다"라고 자신을 타이르고, 크게 심호흡하며 마음을 진정시켜 보자. 지나치게 긍정적이지도, 부정적이지도 않은 평정심을 유지하며 마음의 중용을 유지하는 것이 중요하다.

● ●

스트레스 대신 행복 에너지를 채워라

사람들과 함께 살다 보면 마찰이 생기기 마련이다. 자꾸 어긋나기만 하고 그러다 뒤통수까지 맞으면 차라리 모든 인간관계를 끊어버리고 싶을 때도 있다. 하지만 인생에서 기쁨을 느끼는 순간은 항상 누군가와 관련이 있다. 그만큼 타인과의 관계는 중요하다. 따라서 긍정적인 마음으로 관계를 유지할 수 있도록 노력하는 자세가 필요하다.

인간관계를 긍정적으로 받아들이는 방법
- 성실한 자세로 상대를 대한다.
- 인간은 완벽하지 않다는 사실을 인정한다.
- 상대에게 관심을 두는 만큼 나 자신에게도 관심을 기울인다.

1_ 성실한 자세로 상대를 대한다

타인을 대할 때는 항상 성실한 자세를 보여야 한다. 이렇게 말하면 나는 그렇게까지 착실한 사람은 아니라며 손을 내젓는 사람도 있겠지만, 성실한 자세를 보이며 남을 위해 '좋은 사람'이 되라는 말이 아니다. 어디까지나 당신 마음의 평온을 위해서다. 불성실한 사람은 상대도 자신처럼 불성실하지 않을까 불안할 수밖에 없다.

그렇지 않아도 고민해야 할 일투성이인 인간관계에 괜한 의심과 불안까지 생기면 더 피곤하기만 할 뿐이다. 솔직, 진심, 성실은 에너지 낭비를 줄여서 마음을 편안하게 해준다. 쓸데없는 고민을 줄여서 스트레스를 받지 않으면 괜한 노력을 들일 필요가 없으니 편안한 관계를 유지할 수 있다.

상대에게 → "사실은 그게 아니라, 솔직하게 말씀드려도 될까요?"

앞에서 처음 만났을 때 진심을 전하는 표현을 소개했었다. 이번에는 어느 정도 관계가 형성되었을 때 사용할 수 있는 표현을 살펴보자. 상대와 어느 정도 가까워지면 자연스레 상대가 기대하는 바를 짐작하게 되고, 저도 모르게 반사적으로 상대에게 편하게 들릴 표현을 골라 답을 할 때가 있다. 하지만 그래서 오히려 마음이 불편해졌다면 나중에라도 솔직히 고백하고 진심을 밝혀보자. 계속 예의만 차리고 있다가는 그 자리가 점점 더 불편해지기만 한다. 그런 상황에서 이 표현을 활용하면 분위기를 바꿔서 단숨에 상대와의 거리를 좁힐 수 있다.

남의 속마음 따위는 듣고 싶지 않다는 사람이 얼마나 될까? 사실은 다들 진심을 알고 싶지만, 서로 눈치를 보며 괜찮은 척하고 아무 문제 없는 척 예의를 차리느라 진짜 전해야 할 말은 전하지 못할 때가 많다. 다만 상대가 무난하게 적당히 포장된 말로 넘어가기를 원한다면 진심을 듣고 싶어 하지 않을 수도 있다. 따라서 우선은 상대와 솔직하게 진심을 이야기할 수 있는 관계가 되어야 한다.

나에게 → "정말 이대로 괜찮겠어?"

성실한 자세로 상대를 대하는 것처럼 자기 자신을 대할 때도 성실한 자세로 마주해야 한다.

싫고 짜증 나는 감정이나 불만에 대처하지 않고 계속 참기만 하면 스트레스가 쌓여 언제 폭발할지 모르는 상태가 된다. 분노가 끓기 시작하는 온도가 점점 내려가 어느 순간 대수롭지 않은 일에 폭발하고 만다. 폭발이라고 해서 무조건 화를 표출하는 공격적인 모습을 보인다는 말은 아니다. 때로는 아무도 만나고 싶지 않다며 도망치는 형태로 나타나기도 한다.

따라서 항상 스스로 "정말 이대로 괜찮겠어?"라고 물으며 자신의 마음을 확인하고 괜찮지 않다면 바꿔야 한다. 물론 바꿀 수 없다면 현 상태가 최선이라는 현실을 받아들여야 할 수도 있다. 하지만 적어도 바꿀 수 있는데도 참지는 말자. 스트레스를 최대한 줄여서 조금이라도 더 편하게 살아야 하지 않을까?

2_ 인간은 완벽하지 않다는 사실을 인정한다

자신의 못난 모습까지 받아들이라는 말은 '능력이 없어도 괜찮다'거나 '지금 그대로 충분하다'라는 의미는 아니다. '입발림 말을 하기 싫은 마음이나 부정적이고 나태한 마음, 시기, 질투와 같이 자신의 못난 부분까지 모두 인정하라'는 뜻이다.

과거 경제학에서는 '사람은 자기 이익을 위해 합리적인 판단을 한다'고 했지만, 세월이 흘러 행동경제학이라는 학문이 발전하자 사람은 오히려 합리적이지 않다는 의견이 등장했다.

나는 완벽하지 않다. 하지만 상대도 완벽하지 않다. 그래도 세상은 잘 돌아간다.

인간관계는 원래 복잡하고 비합리적이다. 특정 일에 집착하는 상대의 행동이 이해되지 않더라도, 의미가 없는 일에 기뻐하는 모습이 이상하게 보여도, 그대로 받아들이고 긍정적으로 생각하자.

상대에게 → "사실 이런 생각은 하면 안 되는데……."

사람은 누구나 철없고 모자란 부분을 가지고 있다. 그래서 '하면 안 되는 생각'인 줄 알면서도 해버린다. 이기적이고 냉정하게 경쟁자가 실패하기를 바라는 못된 존재가 다름 아닌 인간이다.

그래서 이 표현이 도움이 된다. 평소에는 서로 감추고 있던 진심도 이 표현을 시작으로 살며시 꺼내놓으면 '비밀을 공유한 사이', '서로의 못난 부분까지 아는 관계'가 되어 마음을 열 수 있다.

"사실은 나도 같은 생각을 하고 있었는데!" "네 속마음은 그랬구나." 상대의 반응은 제각각이겠지만 처음에 "이런 생각은 하면 안 되는데……"라고 먼저 밝혔으니 대놓고 비난하지는 못한다. 서로를 깊이 이해하면 오히려 더 편안한 사이가 될 수 있다.

나에게 → "사람이니까 그런 생각할 수도 있어."

비합리적이고 삐뚤어진 생각이 들더라도 그런 면이 인간적인 모습이라며 일단은 너그럽게 받아들이자. 그 후에 정말 그래도 좋은지 다시 생각해 보고 필요하다면 고치면 된다.

사람이 너무 완벽하면 인간미가 느껴지지 않는다. 로봇 공학자 모리 마사히로(森政弘)가 주장한 '불쾌한 골짜기(uncanny valley)' 이론에 따르면 사람은 로봇의 겉모습이 자신과 비슷할수록 호감을 느끼지만, 어느 수준을 넘어서면 불쾌감을 느꼈다가 다시 호감도가 상승한다. 마찬가지로 완벽한 사람은 분명 매력적이지만, 너무 완벽해서 빈틈이 없으면 오히려 거짓처럼 느껴져서 정이 떨어진다. 그러다 더 사이가 가까워져서 부족한 부분을 엿보게 되면 다시 끌리기도 한다.

약간 부족한 부분은 틀림없이 '인간적인 매력'이 될 수 있다. 다만 그렇다고 해서 비뚤어진 생각을 그냥 두어도 괜찮다는 말은 아니다. 삐뚤어진 생각을 할 수도 있다는 사실은 인정하되 그런 못난 생각을 해도 정말 마음이 편한지, 스스로 괜찮은 사람이라고 생각할 수 있는지, 왜 그런 생각을 하는지, 사실은 어떤 생각을 하는 사람이 되고 싶은지를 찬찬히 다시 생각해 보자.

3_ 상대에게 관심을 두는 만큼 나 자신에게도 관심을 기울인다.

소통을 할 때는 상대의 생각과 똑같이 자신의 생각도 중요하다.

상대가 아무리 즐거워해도 당신이 즐거울 수 없으면 그 관계는 지속할 수 없다. 따라서 상대의 취향을 파악해서 상대를 기쁘게 하는 동시에 자신의 취향도 충분히 채워주어야 한다.

타인과 상관 없이 자신의 기분을 정확히 들여다보고 자신이 마음 편할 수 있는 방향을 선택해야 한다. 이런 마음가짐이야말로 편안하고 행복한 인생을 살기 위한 대전제이자 핵심이다.

마음에 여유가 생기면 작은 문제에 상처받지 않는다. 어떤 일이 생기든 세상이 자신을 도우리라 믿으며 대처하면 괜한 일에 상처받지 않고 사람들을 긍정적인 마음으로 대할 수 있다.

우선은 어떻게 하면 편안한 마음을 가질 수 있는지부터 곰곰이 생각해보자.

상대에게 → "저는 다른 사람을 좋아하는 만큼 저 자신도 참 좋아합니다."

'나는 나를 좋아한다'라는 말만 하면 자기중심적이고 속 좁아 보일 수 있다. 하지만 그렇다고 해서 '다른 사람을 돕는 일을 좋아한다'라는 식의 자기희생 정신을 강조해서도 안 된다.

가장 바람직한 자세는 '다른 사람을 좋아하는 만큼 나 자신도 좋아한다'라는 태도다. 다만 의미는 같아도 앞뒤를 바꿔서 '나 자신을 좋아하는 만큼 다른 사람도 좋아한다'라고 말하면 자기 자신이 우선이라는 뉘앙스가 되니 주의하자.

가볍게 지나가듯이 "저는 다른 사람을 좋아하는 만큼 저 자신도 참 좋아합니다"라고 말하면 조금은 제멋대로인 사람으로 보일 수도 있지만, 그보다는 친근감을 주어 긍정적인 인상을 심어주는 효과가 더 크다.

나에게 → "상대의 진심을 들을 각오는 됐지?"

타인과의 관계에서 원하는 깊이는 사람마다 다르다.

대부분은 진심을 감추기보다는 말해주기를 원하지만, 솔직히 당신도 그러하듯 사람의 진심이란 대부분 상냥하지 않다. 만약 마음의 소리가 그대로 다 새어 나온다면 아마도 다시는 사람들과 엮이고 싶지 않을 것이다.

하지만 더 나은 관계로 나아가기 위해서는 마음을 단단히 먹고 상대의 진심을 알아야 한다. 서로 마음을 터놓고 대하다 보면 사람이란 모두 인간미 넘치고 재미있는 존재라는 사실을 알 수 있고, 관계가 더 깊어지고 단순해진다. 하지만 속마음을 외면하면 상대가 무엇에 기뻐하는지 알 길이 없다. 이왕이면 빈말이 아니라 진심을 전하며 서로가 기뻐하는 순간을 알아가는 편이 좋지 않을까?

마음을 굳게 먹고 상대는 물론 나에게도 진심으로 다가가서 편안한 관계를 만들어 보자.

Part 2

자신만의
매력을
마음껏 발산하는
'좋은 친구' 되기

좋은 사람이 아닌데도 선택받는 사람이 있다

"상냥한 척은 할 수 있지만, 나는 역시 좋은 사람은 아니야."

원래 성격이 좋은 사람이라면 상관없겠지만, 왠지 '좋은 사람'이라는 이름으로 포장된 '만만한 사람'이 된 것 같고, 사람들이 자꾸만 기대는 상황이 불편하다면 당신에게는 변화가 필요하다.

사람들에게 맞추기만 하다가 점점 자신감을 잃고 힘들어할 바에야 좋은 사람이 되지 않는 편이 낫다. 좋은 사람이 아니어도 당신을 믿고 일을 맡기거나 함께 하자고 제안받는 사람이 되어야 한다.

변화를 원한다면 먼저 현실적이고 객관적으로 자신의 모습을 돌아보자.

그다음 좋은 사람이라는 타이틀을 내려놓는 대신 당신이 내세울 수 있는 부분이 무엇인지 찾아보자.

'나는 평범해서 내세울 만한 것이 없다'라는 생각은 할 필요 없다.

그런 생각을 하는 이유는 대부분 비슷하다

● 스스로 깨닫지 못했기 때문에

● 언제, 누구에게, 어떤 식으로 도움을 주어야 좋을지 모르기 때문에

● 아직 내세울 부분이 없다고 해도 지금부터 얼마든지 만들 수 있다는 사실을 모르기 때문에

여기서 말하는 변화는 간단히 말하면 '나 자신을 만들어 가는 일'이지만 사실 고려해야 할 사항이 많다. 스스로 생각하는 자신의 모습은 물론, 사람들 눈에 비치는 자신의 모습, 상황에 따라 맡아야 하는 역할, 동경하는 이상적인 모습, 바꿀 수 있는 부분과 바꿀 수 없는 부분, 취미와 특기, 재능, 일 등등 고려해야 할 사항들이 넘쳐난다.

사람은 누구나 다면적인 모습을 가지고 있다. 그래서 고민이 끊이지 않는다.

하지만 반대로 그래서 인생을 바꿀 수 있다고 생각하면 재미있지 않은가?

2장에서는 진정한 의미에서 자신만의 매력을 발휘하는 방법에 관해 이야기해 보자.

● ●

좋은 사람의 두 가지 유형

"정말 좋은 사람이야."

주변에서 누군가에 대해 이야기할 때 자주 들을 수 있는 말이다. 하지만 애초에 성인이 되어서 사람들에게 대놓고 못되게 구는 사람이 얼마나 될까? 지금까지 살아오면서 경험을 통해 '심술을 부려봤자 나만 손해고, 좋게 좋게 넘어가야 서로에게 좋다'라는 사실을 깨달았을 테니 웬만하면 다들 좋은 사람이다.

그런데 사실 '좋은 사람'은 두 가지 유형으로 나눌 수 있다.

- 함께 있으면 편안해지는 '마음이 선한 사람'
- 딱히 좋지도 나쁘지도 않은 '만만한 사람'

당신은 어떤 사람일까? 만약 '나는 나쁜 사람'이라고 생각한다면 당신은 아주 솔직한 사람이거나 정말 나쁜 사람, 둘 중 하나일 것이다.

그런 사람을 제외하면 대부분은 '마음이 선한 사람'이 되고 싶어 한다. 그래서 문득 돌아봤을 때 '만만한 사람'이 되어 있는 자신의 모습을 발견하면 충격을 받기도 한다.

두 가지 유형의 차이는 '가치'와 '신뢰'의 중점을 어디에 두는지에 있다. 근본적으로 선한 마음을 보여주는 '인간적 자질'에 둘 것인지, 하는 말을 잘 따르는 '기계적 자질'에 둘 것인지에 따라 달라진다.

마음이 선한 사람은 인성과 가치관, 사고방식과 같이 사람이 가진 고유의 특성을 존중받는다. 함께 있으면 기분이 좋아지고 흥미롭고 재미있는 대화를 나눌 수 있다는 점에서 사람들에게 신뢰받는다.

한편 만만한 사람에게는 밝은 표정으로 자신의 의견을 따라주기를 기대한다. 그들의 의견이나 자주성은 원하지 않는다. 그저 잠자코 '네'라고 대답해 주기만을 바란다.

● ●

비겁하지만 최고의 전략

'사람이 너무 좋으면 손해를 본다'라는 말이 있듯이 좋은 사람이라고 하면 언뜻 상대만 배려하는 이타주의를 떠올리게 된다. 하지만 그렇지 않다. 설령 '만만한 사람'이 될지라도 '좋은 사람 되기 전략'은 최고의 처세술이다. 다음에 제시한 '좋은 사람'의 장점을 보면 무슨 뜻인지 이해할 수 있을 것이다.

좋은 사람의 장점
- 공격당할 일이 적으니 불리해질 일도 적다.
- 문제가 생겨도 질책 대신 긍정적인 평가로 위로받는다.
- 동료들과 친밀한 관계를 형성할 수 있다.

1_ 공격당할 일이 적으니 불리해질 일도 적다

괴롭힘은 원래 불합리하게 발생하기는 하지만, 적어도 중요 인물의 옆에서 그의 뜻을 따르는 '좋은 사람'이 되면 칭찬까지는 아니더라도 일단 공격받을 일이 별로 없다. 특별히 좋지도 나쁘지도 않은 '만만한 사람'만 되어도 눈총을 받는 일은 그리 많지 않다.

2_ 문제가 생겨도 질책 대신 긍정적인 평가로 위로받는다

실패나 실수를 하거나 약속을 지키지 않아도 착한 사람은 크게 질책받지 않는다. 문제를 일으켜도 할 마음이 없어서 그랬다거나 일을 무시한다는 비난은 받지 않고, 사과만 하면 '정신이 없었나 보다', '실수할 수도 있지', '열심히는 했다'라는 말로 위로받는다. 긍정적인 평가는 바뀌지 않는다.

3_ 동료들과 친밀한 관계를 형성할 수 있다

밝은 표정을 짓고 사람들의 의견을 잘 따르기만 해도 '부탁하기 편한 사람'이 된다. 그렇게 부탁하고 부탁을 들어주는 사이에 자연스럽게 동료들과 친밀한 관계가 형성된다. 사람은 혼자서는 살 수 없는 존재인 만큼 동료들과 친밀한 관계를 유지하는 일도 중요하다.

사람이 좋으면 손해를 본다는 말은 틀렸다. 일단 좋은 사람의 범주에 들어가면 설령 '만만한 사람'이라도 불리한 일을 당할 확률은 낮아지고, 모든 면에서 최고는 아닐지라도 어쨌든 나쁘지는 않다. 우리가 무의식 중에 본능적으로 '좋은 사람'이 되려고 하는 이유는 좋은 사람이 가진 장점은 누리고 좋은 사람이 아닐 때 생길 단점은 피하기 위해서다.

● ●

좋은 사람보다 더 좋은 건 '좋은 친구'

두 번째 유형인 '만만한 사람'은 사람들의 의견을 잘 따르는 기계적인 자질을 높게 평가받지만, 첫 번째 유형인 '마음이 선한 사람' 즉, '좋은 친구'는 마음이나 지성과 같이 사람이 가진 내면의 매력을 높게 평가받는다.

사실 모두가 진정으로 원하는 바는 '만만한 사람'이 아니라 자신의 개성을 인정받는 '좋은 친구'가 되는 길이다. 지금부터 진정으로 '좋은 친구'가 되는 방법을 생각해 보자.

상대에게 '만만한 사람'이 아니라 '좋은 친구'로 인정받으려면 어떻게 해야 할까?

물론 자기 입장만 늘어놓아서는 어울리고 싶은 상대가 될 수 없다. 따라서 일단은 상대가 원하는 바를 들어주는 '만만한 사람'이 되어야 한다.

　다만 진정으로 '좋은 친구'가 되고 싶다면 거기서 멈춰서는 안 된다. 그다음 충족해야 할 조건은 다음 두 가지다.

1_ 마음의 거리를 좁혀 숨기지 않고 진심을 털어놓을 수 있는 사람이 되기

　사람은 자기 속마음을 밝히지 않고 무조건 긍정만 하는 사람에게는 경계심을 느낀다. 어떻게 생각하느냐고 물었을 때 매번 '좋네요'라고 말하면 '적당히 묻어가려는 사람'으로 보인다. 때로는 속마음을 털어놓고 인간미를 보이면 마음의 거리가 가까워지고 서로에 대한 신뢰로 이어지기도 한다.

2_ 상대가 만족할 수 있도록 노력하기

　포인트는 '네'라는 긍정의 대답을 건네는 동시에 상대를 유심히 관찰해서 긍정의 대답만이 아니라 상대를 만족시킬 수 있는 가치를 함께 제공해야 한다는 점이다.

- 큰 소리로 웃으며 분위기를 띄운다.
- 풍부한 지식을 활용해 상대가 알고 싶어 하는 내용을 가르쳐준다.
- 독특하고 별난 생각으로 대화 자체에서 즐거움으로 느끼게 한다.

작은 일이라도 좋으니 상대에게 '네'라는 대답 외에 또 다른 가치를 제공해야 한다.

적당한 거리를 유지하는 만만한 사람 정도라면 긍정의 대답만 해도 충분하다. 하지만 가깝고 신뢰할 수 있는 좋은 친구가 되고 싶다면 상대를 파악해서 과감하게 나를 드러내야 한다.

이런 과정을 통해 자신의 지성과 개성을 보여주면 당신도 그 누구보다 멋지고 좋은 사람이 될 수 있다.

● ● ●

처음부터 좋은 친구가 되는 요령

일반적으로는 먼저 '만만한 사람'이 되었다가 점차 인성이 훌륭한 '좋은 친구'로 올라서는 단계를 거치게 된다. 다만 만만한 사람이 되는 단계를 건너뛰고 처음부터 좋은 친구가 되는 요령이 있기는 하다.

요령은 두 가지이지만 일단 시작은 똑같다. 우선은 주변 사람 모두가 좋은 사람으로 상대를 대할 때 당신만 웃음기를 지우고 무뚝뚝하게 대하며 말을 따르지 않는다. 처음에는 이런 방법으로 나쁜 인상을 심어준다.

여기서 첫 번째 요령은 '온도 차이를 이용'하는 것이다.

늘 무뚝뚝하던 사람이 어느 날 갑자기 환하게 웃었을 때 느끼는 온도 차는 서로의 거리를 좁히고 호감도를 순식간에 높여준다. 생각지도 못했던 당신의 미소는 상대를 설레게 만든다. 다만 이 요령은 애당초 상대에게 당신의 존재를 인식시켜야만 나중에 온도 차를 느낄 수 있다는 어려움이 있다.

두 번째 요령은 '위기 상황에서 등장하는 구세주'가 되는 작전이다. 가끔 어떤 사건이 일어났을 때 주변에 있던 '좋은 사람'들이 갑자기 태도를 바꿔 멀어지는 일이 있다. 슬픔에 빠져 있다가 문득 고개를 들었는데, 평소 무뚝뚝했던 당신이 옆에 있다면 어떨까? 이때 "제가 도울 일이 있을까요?"라는 말 한마디를 건네면 그 순간 상대는 진심으로 자신을 생각해 준 사람은 당신뿐이었다는 사실을 깨닫게 된다.

다만 이 두 가지 요령은 모두 운에 맡겨야 하는 부분이 큰 만큼 무난하게 '좋은 사람'에서 '좋은 친구'로 발전하는 방법이 안전하기는 하다.

나에게 → "지금은 좋은 사람 그만두기 캠페인 중이라고 생각해!"

누군가의 좋은 친구가 되려면 평소 습관도 중요하다.

순종적인 사람은 부탁이나 요청을 많이 받기 마련이다. 물론 타인에게 도움을 주는 일은 즐겁지만 그래도 사람인지라 가끔은 피곤할 때가 있다. 그럴 때는 '좋은 사람 그만두기 캠페인'을 벌여보자. 캠페인 중에는 일부러 분위기를 깨는 반응을 보이거나 눈치 없는 척하고 대답도 바로 하지 않는다. '좋은 사람'이 되려는 반사적 반응을 의식적으로 막아보자.

좋은 사람이 보이는 반사적 반응은 일종의 버릇이다. 속마음을 드러내고 자신의 개성을 발휘하려면 우선은 캠페인이라는 이름을 내걸어서라도 자신의 속마음을 돌아보는 습관을 들여야 한다.

다만 이때 사람들이 자신을 어떻게 생각하는지 객관적으로 분석하는 일도 잊어서는 안 된다. 애초에 아무도 당신을 좋은 사람이라고 생각하지 않는데 혼자서 캠페인을 벌이면 오히려 '기분 나쁜 사람'이 될 수도 있다.

상대에게 → "사실은 정말 좋은 사람이시잖아요."

세상에 나쁜 사람이 되고 싶은 사람은 없다. 그래서 상대와 거리를 두고 싶을 때 오히려 더 좋은 사람인 척을 하기도 한다. 따라서 당장은 불친절한 사람도 사실은 좋은 사람일 수 있다. 그럴 때는 이 표현을 활용해서 심리적 거리를 좁혀보자. 또한 사람은 좋은 사람이라는 말을 들으면 실제로 좋은 사람이 되려고 하는 심리가 작용하기 때문에 일거양득의 효과를 볼 수 있는 표현이기도 하다.

● ●

자신감을 잃게 하는 '공감'과 힘이 되는 '공감'의 차이

세상에는 좋은 사람이 넘쳐나고 타인에게 공감하는 문화가 널리 퍼져 있다. 현대사회는 그야말로 '공감 지상주의' 시대다. 하지만 공감에는 우리가 미처 깨닫지 못한 허점이 있다.

먼저 공감의 두 가지 유형에 관해 이야기해 보자.

- 타인의 감정과 생각을 이해한다. (이해의 공감)
- 타인을 이해한 후에 '나도 똑같다'라는 사실을 밝히며 다가간다. (동조의 공감)

문제는 두 번째 공감 유형인 '동조의 공감'을 강요할 때 발생한다. 일본은 섬나라라는 특징이 있어선지 이질적인 것을 적으로 간주하는 배타적 성향이 강해서 '공감'과 '동조 압박'을 착각하는 일이 자주 일어난다. 다른 사람과 똑같이 생각하기를 강요하고 다른 생각을 경계하는, 어찌 보면 섬뜩한 일들이 일어나고 있다. 그 결과, '우리는 모두 같다'라는 생각을 중시하는 경향이 점점 강해져서 타인과의 경계가 모호해지고, 자아(identity)를 제대로 확립하지 못해 남과 다른 차이가 주는 매력을 즐기지 못하는 사람이 많다.

하지만 슈퍼컴퓨터의 분석에 따르면 인류가 생존하는 데 필요한 최적의 정답률은 85%였다. 정답도 중요하지만 15%의 실수나 새로운 발상도 필요하다는 말이다. 예를 들어 모든 벌이 정해진 길을 따라 똑같이 이동하면 도중에 천적을 만났을 때 멸종 위기에 직면할 수 있다.

인류는 서로 다른 점이 있었기에 생존할 수 있었다. 다름이 가진 가치야말로 그 무엇보다 소중하다.

물론 현대사회는 개성과 다양성을 중시한다. 하지만 그와 모순적으로 여전히 가치관이 다른 사람을 배척하고 다수의 의견이 정의라 외치며 사람들에게 맞추지 못하면 설 자리를 잃는 현실도 있다. 실로 현대의 인류는 역사상 가장 살기 힘든 상태에 빠져 있다.

공감이라는 방패에 가로막혀 타인에게 맞추기 위해 자신의 진심은 감추고 왜곡할 수밖에 없다 보니 결국 자기 부정만 늘어간다. 이런 문화에서는 당연히 자기긍정감이 희미해질 수밖에 없다.

이런 현실에서 편안하고 행복하게 살려면 어떻게 해야 할까? 우선은 나 자신을 인정해야 한다. 그리고 나 자신을 인정했다면 그다음에는 타인에게 인정받기 위해 힘겨루기를 벌일 것이 아니라 내 생각이 사람들과 같든 다르든 그저 '나는 나답게 살겠다'라는 생각을 굳건히 다져야 한다. 다음 표현이 그 과정의 첫걸음이 되어줄 것이다.

상대에게 → "저는 공감을 잘 못하는 편이라 솔직히 잘 모르겠어요."

먼저 스스로 공감에 서툰 사람이라는 사실을 밝혀서 상대가 공감을 요구할 수 없는 분위기를 만들자.

물론 상대가 불쾌해할 수도 있다. 하지만 일부러 미움받는 상황에 부딪혀 보는 것도 편안한 인생을 위한 첫걸음이라는 사실을 명심하자.

이번 표현은 무조건 상대의 뜻대로 움직이지는 않겠다는 선언이나 마찬가지다. 물론 '좋은 사람 되기 전략'은 안전하고 자유롭게 의견을 말하기 위해서 활용하는 전략이기는 하지만 공감에 서툴다는 전제를 내세우면 상대에게 비호감을 살 우려도 있다. 이때 상황을 잘 넘기려면 상대에게 자신은 공감 외에 다른 장점도 가지고 있다는 사실을 보여주어야 한다.

이 말을 했을 때 상대가 보이는 반응은 자신에 대한 평가를 보여주는 척도다. 반응의 유형은 크게 세 가지로 나눌 수 있다.

첫 번째는 쓴웃음을 지으며 "아, 그렇군요"라고 말하는 반응이다. 이 반응 나오면 실패다. 상대는 아직 당신에게 공감을 얻는 일 외에 다른 가치를 발견하지 못했거나, 관심이 생기지 않았다는 뜻이다. 이때는 일단 상대에게 맞춰가며 자신의 매력을 더 키워야 한다.

두 번째는 "그런가요? 공감을 잘하시는 분처럼 보였는데 아니시군요"라는 반응이다. 이 반응이라면 어느 정도는 성공이다. 자유로운 소통을 원한다면 여기서부터 시작해 점점 공감 지상주의에서 벗어나며 된다.

세 번째는 "그러시군요! 그렇지만 저는 당신의 그런 점이 좋은걸요!"라는 반응이다. 이 반응이 나오면 성공이다. 일부러 공감하지 않아도 이미 인정받았다는 의미다. 지금의 관계를 계속 유지하면 된다.

지금의 당신은 어떤 자세로 상대를 대하고 있고, 앞으로는 어떤 자세로 상대를 대하고 싶은지 생각해 보자.

나에게 → "상대에게 맞추지 않아도 넌 사랑받을 수 있어."

사람들이 나를 좋아하는 이유는 내가 그들에게 맞추기 때문일 뿐, 맞추지 않으면 바로 미움받을 거라는 생각에 불안하다면 이 표현을 자기 자신에게 건네보자. 유전자 조합을 생각하면 부모님이 같아도 당신이 태어날 확률은 약 7조분의 1이다. 즉, 당신은 이 정도로 희박한 확률에서 태어난 기적이다. 그러니 지금 이대로 사랑받아 마땅하다.

단지 당신이 가진 장점이 사람들을 기쁘게 하는 행동, 즉 타인이 가치를 느낄 수 있는 형태로 나타나고 있는지 아닌지의 문제일 뿐이다. 잘 모르겠다면 우선은 스스로 멋지다고 생각하는 행동을 떠올려 보자.

자기긍정감을 떨어뜨리면서까지 좋은 사람 가면을 쓰는 연습을 할 바에야 가면을 쓰지 않아도 사랑받는 사람이 되기 위한 연습을 하는 편이 낫지 않을까?

물론 양쪽 모두 쉬운 일은 아니다. 하지만 스스로 멋지다고 생각하는 모습으로 사람들에게 사랑받기 위해 노력한다면 설령 실패하더라도, 힘이 들어 괴롭더라도, 가슴 뛰는 설렘은 분명 느낄 수 있을 것이다.

● ●

우리는 모두 절대적인 존재다

일본에서는 바둑을 둘 때 하수가 먼저 한 점을 놓고 시작하는 행동을 '상대를 자신보다 실력이 뛰어난 사람으로 인정하고 경의를 표하는 행동'으로 본다. 하지만 소통에서 상대가 먼저 한 점을 놓게 만드는 이유는 '나와 상대의 승부'라는 생각에서 벗어나기 위해서다.

다른 사람과 비교당하는 상황에서는 계속 경쟁하게 된다. 하지만 소통에서는 이기고 싶다거나 지고 싶지 않다는 생각에서 벗어나 다투고 싶지 않은 존재가 되는 것이 이상적이다. 상대가 날을 세우고 덤벼들면 그 시점에서 이미 그 소통은 실패다.

업무 성과는 수치로 계산해서 우위를 가릴 수 있지만 사람의 매력은 높고 낮음을 평가할 수 없다. 그 이유는 다음과 같다.

사람의 매력을 절대적 기준으로 평가할 수 없는 이유

- 양 끝에서 대치하는 요소가 모두 매력적이기 때문에
- 사람은 복합적인 요소로 이루어져 있기 때문에
- 시간과 상황에 따라 나 자신도 변하고, 평가 기준도 달라지기 때문에

1_ 양 끝에서 대치하는 요소가 모두 매력적이기 때문에

사람의 매력 중에는 대립적인 성질을 가진 요소들이 있다. 예를 들어 '계획성'이 매력인 사람이 있는가 하면 '임기응변'에 뛰어난 점이 매력인 사람도 있다. 또한 '안정'을 좋아하는 사람이 있는가 하면 '도전'을 좋아하는 사람이 있고, '투명'하게 보이는 사람이 있는가 하면 '알 수 없는 신비함'이 매력인 사람도 있다. 어느 쪽이든 모두 매력적이기 때문에 사람의 매력은 단순히 좋고 나쁨으로 나눌 수 없다.

2_ 사람은 복합적인 요소로 이루어져 있기 때문에

사람은 다양한 요소로 이루어져 있다. 평소에는 정해진 패턴을 좋아하던 사람도 새로운 것을 보면 관심을 보인다. 이처럼 한 사람의 내면에도 상반된 성질이 존재한다.

3_ 시간과 상황에 따라 나 자신도 변하고, 평가 기준도 달라지기 때문에

사람은 시간과 상황에 따라서 다른 모습을 보인다. 이때는 평가 기준도 달라진다. 예를 들어 혼자 있을 때는 소심한 사람도 친구와 함께 있

으면 적극적으로 나서기도 하고, 진지한 자리에서 목소리를 높여 떠들면 민폐가 되지만 파티에서는 큰 목소리로 사람들의 참여를 유도하는 활기찬 사람이 필요한 법이다.

사람이 가진 매력적 요소는 한 가지도 아니고, 또한 다면적이다. 상황에 따라서 필요한 매력도 다르다. 그러니 사람들의 평가에 지나치게 신경 쓸 필요는 없다. 비교 기준에 따라 쉽게 평가되는 얕은 사람이 아니라 '하나의 기준으로는 평가할 수 없는 깊이를 가진 사람'이 되어야 한다.

당신은 이미 대체 불가능한 최고의 존재이고, 우리는 모두 자신의 세계에서는 '천상천하 유아독존'이다.

● ● ●

재미있는 사람이 되는 방법

한 가지 기준으로 평가할 수 없는 깊이란 쉽게 말해 '재미'라고도 할 수 있다.

물론 웃음을 유발하는 개그 감각도 좋지만, 새로운 아이디어나 독특한 경험, 예상치 못한 행동, 전대미문의 성격과 같이 다른 사람에게는 없는 특별한 요소를 가지고 있을 때 우리는 재미있는 사람이 된다.

사람이 소통하는 가장 원초적인 이유는 정보를 교환하기 위해서다. 과거의 사람들은 살아남으려면 다른 사람의 지식과 경험이 필요했기 때문에 해당 정보를 얻으려고 소통을 했다. 따라서 사람은 본능적으로 자신이 모르는 부분을 아는 사람이나 자신이 갖지 못한 무언가를 가진 사람에게 관심을 보이고 재미를 느끼며 가까워지고 싶어 한다.

만약 나만이 가진 특별한 무언가가 없다면 대책은 두 가지다.

1_ 사람들을 관찰해서 다른 부분을 찾아낸다

스스로 평범하고 재미없는 사람이라고 생각하는 사람은 대부분 다른 사람들을 제대로 보지 않는 경우가 많다. 보지 않으니 차이를 모른다. 오로지 자기 자신만 깊게 파고들어서는 자신의 진짜 모습을 파악할 수 없다. 자주성이나 가치에 관한 힌트는 자신보다는 사람들에게서 얻는 경우가 많다. 별생각 없이 멍하니 보고 있으면 다 똑같은 빨간색 과일로 보이지만, 자세히 들여다보면 딸기도 있고 사과나 체리도 있다. 다들 각자의 매력을 가지고 있다.

2_ 사람들이 하지 않는 새로운 경험에 도전해서 배우고 표현한다

자신이 가진 자원이 다른 사람들이 가진 것과 똑같다면 이는 지금까지 당신이 사람들과 똑같은 경험만 해왔다는 말이다. 따라서 의도적으로 다른 일을 하면 새로운 지식과 경험을 쌓을 수 있다. 모두가 홋카이도에 갈 때 혼자 오키나와에 가보자. 그 정도만으로도 사람들은 '어땠어?'라고 관심을 보이며 당신에게 다가오게 된다.

흔히 사람은 자신과 닮은 사람에게 끌린다고들 하지만 나는 그렇지 않다고 생각한다. 오히려 시시하지 않을까? 서로 겹치면서도 엇갈리는, 예측 가능한 일과 예측 불가능한 일이 절묘한 균형을 이루고 있을 때, 사람은 가장 매력적으로 보인다.

상대에게 → "처음에는 그렇게 안 보이셨는데 의외네요."

상대의 매력이나 캐릭터를 생각할 때는 상대의 '의식'과 '무의식'을 모두 고려해야 한다.

1_ 상대의 의도를 파악한다

상대가 자신을 어떻게 표현하고자 했는지 의도를 파악해야 한다.

2_ 의도의 의미를 이해한다

일부러 실제 성격과는 정반대로 겉모습을 꾸미는 사람도 있다. 예를 들면 성격은 소심한데 옷은 화려하게 입는 사람이 있다. 그런 상대를 대할 때는 그 차이를 이해하는 모습을 보여주면 '나를 알아주는 사람'이라는 인상을 심어줄 수 있다.

3_ 상대의 무의식에 있는 전제를 파악한다

사람이 풍기는 인상에는 그 사람의 무의식이 나타난다. 예를 들어 겉모습에 무관심한 사람에게는 두 가지 유형이 있다. 하나는 다른 사람이 어떻게 생각하든지 신경 쓰지 않고 눈치 보지 않는 사람이며, 다른 하나는 겉모습이 아니라 내면으로 평가받고 싶어서 일부러 신경 쓰지 않는 사람이다.

상대가 어떤 모습으로 보이고 싶어 하는지 파악해서 상대가 의도한 캐릭터를 알아내야 한다. 겉으로 보이는 모습과 실제 풍기고 싶어 하는 인상의 차이를 파악해서 상대가 본질적으로 어떤 사람이고, 어떤 관계를 원하고 있는지, 그에 따라 나는 어떻게 하고 싶은지를 생각해 보자.

나에게 → "다른 사람이 보는 내가 진짜 나야."

당신이 생각하는 자신의 모습과 사람들이 생각하는 당신의 모습, 둘 중 어느 모습이 진짜 당신일까?

사실 당신이 생각하는 당신의 모습을 실제 체감하는 사람은 당신 혼자뿐이다. 반면 사람들이 보는 당신은 세상이 인식하고 있는 당신의 모습이다. 실제 당신의 존재를 인지하고 정의를 내리는 쪽은 세상 사람들인 셈이다. 따라서 정답은 후자다. '사람들의 눈에 비친 당신'이 진짜 당신이다.

예를 들면 스스로는 자신을 얌전한 사람이라고 생각하지만, 주변에서는 행동력 있는 사람이라는 평가를 받기도 한다. 이처럼 내가 생각하는 나와 사람들이 보는 내가 다른 현상은 특별한 일도 아니다. 그렇다면 사람들이 보는 나의 모습을 적극적으로 활용해 보면 어떨까?

　심층 심리는 자신의 의식보다 주변 사람들이 나에게 보이는 행동에 더 확실하게 나타난다. 자신의 본질은 타인이 더 잘 알고 있다는 사실을 염두에 두고 타인과의 관계 속에서 변화하는 자신의 모습을 흥미롭게 지켜보자.

● ●

내가 가진 매력을 어떻게 요리할까?

앞에서 소통할 때는 타인과 경쟁해서는 안 된다고 말했다. 다만 그 말은 '무엇이든 타인과 비교할 필요 없다'라는 뜻은 아니다. 물론 사람의 인격을 두고 이기고 지는 승부를 가리는 일은 의미가 없지만, 특정 목표를 향해 결과를 내야 할 때는 반드시 비교하는 과정이 필요하다. 경연대회에서 모두에게 그랑프리를 수상할 수는 없지 않은가.

이때 핵심은 '내가 유일한 존재(only one)이니까 최고(NO.1)가 될 수 있다'라는 마음가짐이다. 남과 다른 부분은 자신이 가진 매력이다. 따라서 비교를 통해 알 수 있는 '차이'는 매력을 발견할 수 있는 중요한 힌트가 된다. 서로 다른 차이가 있기 때문에 우리는 '자신만의 매력'을 가지고 빛날 수 있다.

여기서 잠깐, 당신은 당신이 가진 고유한 매력, 즉 소질을 알고 있는가? 한 사람이 보이는 특징이 다른 사람보다 우위성을 보이면 그 특징을 '적성'이라고 하며 우위성을 보이는 적성을 '특성'이라고도 한다. 특징, 적성, 특성…… 비슷한 용어들의 열거가 조금 어렵게 느껴질 수 있으니 예를 들어 살펴보자.

특성은 크게 두 가지로 나눌 수 있으며 특성을 잘 활용하면 '자신만의 매력'을 멋지게 연출할 수 있다.

1_ 신체적 특성: 물리적인 '신체'가 가진 특성으로 체격과 목소리, 얼굴 생김새, 동작의 민첩성 등이 여기에 속한다. 신체적 특성은 바꾸기 어려운 만큼 바꾸려는 노력보다는 어디에 활용해야 적합한지를 찾는 것이 중요하다.
2_ 정신적 특성: 심리, 감각, 사고회로와 같이 '마음'에 관련된 특성으로 자신감, 취향, 스트레스 내성 등이 여기에 속한다. 이런 부분은 신체적 특성도 영향을 미치고 뇌와 같은 기관의 특성이기도 하지만 크게 분류해서 정신적 특성으로 나눈다. 정신적 특성은 환경이나 경험에 따라 바뀌기 때문에 쉽게 바꿀 수 있는 방향을 찾아 훈련하는 것이 중요하다.

예를 들어 목소리가 밝은 편이라면 교육 분야나 서비스 업종에서 좋은 평가를 받을 수 있다. 나 역시 목소리가 밝은 편이라 음악 강사를 할 때는 아이들에게 인기가 있었다. 하지만 영업 일을 할 때는 밝은 목소리 때문에 설득력이 떨어진다는 평가를 듣기도 했다. 다만 그런 목소리 덕분에 냉정한 말을 해도 무섭게 들리지 않는다는 이점도 있다.

고춧가루를 넣으면 어떤 식재료로 요리를 하든 매운 요리가 된다. 하지만 만약 재료가 귤이었다면 맵게 요리하기보다는 그대로 먹거나 새콤달콤한 디저트에 활용해야 원재료의 매력을 살릴 수 있는 법이다.

핵심은 자신이 가진 매력을 어떻게 요리해서 '특성'으로 만드느냐에 있다.

눈부시게 반짝이는 나만의 매력을 만드는 방법
- 자신의 성격과 특징을 정리한 목록을 만든다.
- 각 요소에 관한 정보를 추가한다.
- 특별히 강조하거나 조심해야 할 요소를 정해서 '나만의 캐릭터'를 완성한다.

1_ 자신의 성격과 특징을 정리한 목록을 만든다

일단은 자신의 성격과 특징을 정리해야 한다. 나만의 매력을 드러낼 때 강조할 부분과 조심해야 할 부분을 구분할 수 있도록 자신이 가진 다양한 성격과 특징을 나열해서 목록을 만들자.

2_ 각 요소에 관한 정보를 추가한다

각 특징이 선천적인지 후천적인지에 대한 정보나 관련된 일화도 함께 정리해 둔다.

3_ 특별히 강조하거나 조심해야 할 요소를 정해서 '나만의 캐릭터'를
완성한다

캐릭터를 만들 때는 특별히 강조해서 내세우고 싶은 요소를 정한다.
활기찬 성격, 지적 능력, 평소에는 얌전하다가도 말할 때는 열정적으
로 변한다는 반전 매력과 같이 몇 개든 상관없으니 자신이 가진 원래
성격과 칭찬받을 만한 부분을 강조할 요소로 꼽고, 반대로 눈에 띄지
않도록 조심해야 할 요소도 구분해 둔다.

자신이 가진 원래의 성격과 그 성격이 어떻게 드러나는지를 미리 파
악해서 부담 없이 연출할 수 있고, 주변에도 긍정적인 영향을 미치는
매력적인 캐릭터를 완성해 보자.

● ● ●

스트레스를 보면 특성이 보인다

신체적 특성은 눈으로 보면 바로 알 수 있지만 정신적인 특성은 눈에 보이지 않아서 자기 자신도 파악하기가 쉽지 않다. 하지만 정신적 특성이야말로 캐릭터 형성의 결정적 요소인 만큼 반드시 파악해야 한다.

이때 '스트레스가 쌓이는 포인트'를 하나의 지표로 이용할 수 있다.

스트레스는 그저 우리를 괴롭히기만 하는 적이 아니다. 스트레스는 자신의 특기와 관심 분야를 찾아주는 열쇠가 되기도 하다.

선천적인 특성은 무의식적으로 발휘되는 성질이라서 특성을 가진 사람은 해당 특성을 갖지 못한 사람을 보면 이해하지 못해 짜증이 나기도 한다. 또한 열심히 노력해서 가지게 된 특성이라도 그렇지 못한 상대를 보면 저 사람은 왜 노력하지 않는지 답답하다. 다시 말해 스트레스가 쌓인다. 반대로 스트레스를 받지 않고 수월하게 할 수 있는 일을 보면 당신의 특성을 발견할 수도 있다.

다양한 일에 도전하고 다른 사람과 비교하면서 자신이 잘하는 일, 좋아하는 일, 즉 자신의 특성을 찾아 활용할 방법을 생각해 보자.

● ● ●

취미와 특기, 재능의 차이

특성에 관한 이야기할 때는 '취미', '특기', '재능'이라는 키워드가 자주 등장한다.

일반적으로 취미로 하는 일은 적성에 맞을 확률이 높다. 해당 분야에 대한 감성이 높으면 성장해 가는 모습이나 남들과의 차이가 확연히 드러나다 보니 더 큰 재미와 깊이를 느끼게 된다. 하지만 취미와 일은 별개의 문제다. 취미로 음악을 할 수는 있지만 직업이 되려면 세상이 인정하는 수준의 재능이 있어야 하고 누군가 필요로 해야만 돈을 벌 수 있다.

그렇다면 재능은 어떨까? 뛰어난 재능이 있어도 해당 분야의 기술을 익히고 단련하지 않으면 제대로 된 형태를 갖출 수 없다. 재능이 꽃을 피우려면 일단은 당연히 재능이 있어야 하고, 여기에 더해 교육 환경과 운, 그리고 인연이 필요하다.

또한 지금 가진 특기만이 유일한 재능은 아니다. 나는 인생철학의 스승이기도 한 도쿄예술대학 피아노과 교수님에게 음악에 재능이 있다는 말을 듣고 음대에 진학했다. 하지만 그 후에 말주변도 없던 내가 돈 때문에 어쩔 수 없이 영업 일을 하게 되었고, 영업 일을 하면서 배운 화술이 지금은 특기가 되었다.

피아노를 배우는 과정은 소통에서 말을 붙일 타이밍을 잡거나 감정을 분석하는 일, 글을 쓸 때 아름다운 표현을 고르는 일, 또는 투자 가치를 분석하는 일과도 비슷하다. 모두 직감과 분석, 감성과 논리, 좌뇌와 우뇌를 동시에 써야 하는 재능이 필요하다.

그리고 한 가지 더 이야기하자면 좋아한다고 느끼는 일보다는 꾸준히 할 수 있는 일이 적성에 맞을 확률이 더 높다. 끊임없이 노력하다 보면 좋은 결과를 낼 수 있고 그제야 새삼 자신이 다른 사람에 비해 그 일을 좋아한다는 사실을 깨닫기도 한다.

취미나 특기, 재능이나 특성은 모두 다양한 요인의 영향을 받아 계속 변한다. 취미라고 해서 반드시 재능이 있는 것은 아니며, 특기는 적성에 맞지 않더라도 노력하면 의외로 빛을 발하기도 한다.

경험과 배움을 통해 가능성을 넓혀 가는 노력이야말로 나만의 매력을 뽐내며 사는 행복한 인생을 열어주는 열쇠다.

상대에게 → "제가 어떤 성격처럼 보이시나요? 왜 그렇게 생각하세요?"

사람들이 나를 어떻게 보는지를 파악하는 일은 무엇보다 중요하다.

자아분석을 할 때 활용하는 조하리의 창(Johari's Windows) 이론에 따르면 인간은 모두 '자신과 타인이 모두 알고 있는 자아(열린 창)', '자신은 알고 타인은 모르는 자아(숨겨진 창)', '타인은 알고 자신은 모르는 자아(보이지 않는 창)', '자신과 타인이 모두 모르는 자아(미지의 창)'를 가지고 있다.

나 역시 나의 논리적인 면이 사람들에게 매력으로 보인다고 생각했는데, 언젠가 '무슨 말인지는 잘 모르겠는데 재미있어서 좋다'라는 말을 듣고 놀란 적이 있다.

스스로 생각한 자신의 이미지와 나를 보고 사람들이 받은 인상은 다르다. 따라서 다른 관계나 입장을 가진 사람들에게 자신의 인상이 어떤지를 묻고, 미처 깨닫지 못했던 자신의 다양한 모습들을 확인해서 자신을 더 깊이 이해하도록 노력해야 한다.

나에게 → "나는 원래 이런 사람이야. 남들이 뭐라고 생각하든 나는 이렇게 살 거야."

이상적으로 생각하는 자신의 모습을 매일 떠올리고 다짐하면 신념이 되고 일관성이 생긴다. 이때 핵심은 세 가지다.

- 현재의 자신보다 더 나으면서도 '실현 가능한 이상향'을 그린다.
- 잊지 않도록 매일 다짐하고, 혼란스럽고 고민스러울 때 떠올리는 행동 지침으로 삼는다.
- 새로운 가치관이나 목표가 생겨서 이상적으로 생각하는 모습이 변한다면 새로 고친다.

지향하는 모습을 명확하게 그려서 매일 생각한다. 자기 자신에게 애정을 쏟으며 이상적인 모습에 가까워지려 노력하고 성장해 가는 모습에서 기쁨을 찾는 일, 이것이 바로 긍정확언(affirmation)이다.

남들이 상냥하고 현명해 보이는 이유

상대를 보고 상냥하다, 또는 현명하다고 느낄 때가 있다. 그런데 과연 어떤 면에서 그런 인상을 받는 걸까? 대부분 그냥 지나치기 쉽지만, 사실 우리가 하는 말에는 인상을 좌우하는 요소들이 숨어있다. 지금부터 그 요소에 대해 살펴보자.

말할 때 놓치기 쉬운 세 가지 요소
- 상냥한 인상을 주거나 신뢰감을 높여주는 '목소리'
- 지성을 보여주는 '공백과 속도'
- 관계의 편안함을 만드는 '분위기'

1_ 상냥한 인상을 주거나 신뢰감을 높여주는 '목소리'
목소리는 소통에서 중요한 역할을 담당한다.

나 역시 목소리의 힘으로 여러 번 성과를 낸 적이 있다. 나는 음대를 다닐 때 부전공으로 성악을 배웠고, 싱어송라이터나 보컬 트레이너로 일하기도 했다. 이때 얻은 지식을 활용하자 처음 영업 일에 뛰어들었을 때는 하루의 600통의 전화를 하고도 한 건도 잡지 못했던 약속을 10건이나 잡을 수 있게 되었다. 개인적으로는 목소리를 바꾸고 갑자기 이성에게 인기를 끌었던 적도 있다. 나는 목소리가 타인과 관계를 형성할 때 중요한 역할을 담당한다는 사실을 몸소 경험하며 깨달았다.

목소리에는 '전해지는 목소리'와 '전달하는 목소리'가 있다.

전해지는 목소리는 부드럽고 깊은 울림이 있어 안정감을 준다. 주로 심야 방송이나 심리 상담을 할 때 어울린다.

한편 전달하는 목소리는 활기차고 예리한 울림이 있어서 빈틈이 없고 강한 인상을 준다. 이 목소리는 주로 라이브 공연이나 연설을 할 때 어울린다.

인터뷰할 때 전해지는 목소리로 질문을 하면 상대는 자신의 생각도 잘 전해질 거라는 인상을 받아 마음 편하게 대답하게 된다. 반면 프레젠테이션과 같이 열의를 전달해야 하는 상황에서는 전달하는 목소리로 말해야 강렬한 인상을 남길 수 있다.

마음에 전해지는 상냥함도, 사람을 끌어당기는 강렬함도 모두 신뢰로 이어진다. 목소리를 적절히 활용해서 상대에게 원하는 인상을 심어주자.

2_ 지성을 보여주는 '공백과 속도'

공백은 말과 말 사이에 존재하는 시간을 말한다.

중요한 말을 하기 전에는 잠시 공백을 두는 것이 좋다. 과거 히틀러도 연설을 시작하기 전에 사람들이 조용해질 때까지 공백을 두는 방법으로 사람들의 호기심을 자극해 귀를 기울이게 했다.

속도가 주는 인상은 말의 내용과 함께 사람들의 마음속에 각인된다. 중요한 부분은 천천히 말하거나 빠른 속도로 여러 번 반복하는 등 속도를 조절해 다양하게 효과를 낼 수 있다.

이처럼 공백과 속도를 조절할 수 있으려면 먼저 내용의 우선도를 파악하는 능력이 필요하고, 여기서 각자의 지성이 드러난다.

3_ 관계의 편안함을 만드는 '분위기'

상대에게 다가가기 쉬운지 아닌지는 상대가 자아내는 분위기에 달려 있다. 우리는 이 분위기를 무의식적으로 느낀다. 다만 반드시 타인이 다가오기 쉬운 분위기를 자아내야 한다는 말은 아니다. 핵심은 서로가 편안함을 느낄 수 있는 적당한 거리감이다.

상대에게 → "오늘은 처음 오신 분들도 많으니 조금 다르게 말씀드리겠습니다."

상황과 관계성, 당신의 자세를 전달할 때는 목소리와 행동만이 아니라 어떤 식으로 설명할지를 말로 밝히는 것도 좋은 방법이다. 지금 이 자리는 어떤 자리이고, 따라서 어떤 식으로 대응할 생각인지와 평소와는 다른 표현을 쓰겠다는 의지를 밝혀서 당신의 진심과 성의를 보여주자.

나에게 → "자연스럽게 행동해."

풍부한 표현력과 동시에 또 한 가지 중요한 부분이 항상 평온하고 자연스러운 모습을 유지하는 일이다.

음대에서 피아노를 배울 때 가장 어려웠던 부분이 힘을 빼는 일이었다. 쓸데없는 힘을 빼면 더 아름다운 소리를 낼 수 있지만 '자연스럽게'라는 말처럼 이런 상태를 일부러 의도해서 연출하는 일은 생각만큼 쉽지 않다.

소통할 때도 마찬가지다. 괜한 힘이 들어가면 나와 상대 모두가 지칠 뿐이다. 이런저런 사항들을 고려하면서도 자연스럽고 편안하게 마치 휴식을 취하는 듯한 태도를 유지하는 것이 중요하다. 이때 자칫 지쳐서 축 늘어진 태도를 보이지 않도록 주의하자. 오래도록 관계를 유지하고 싶은 사람일수록 편안하고 여유로운 태도로 옆에 있어야 상대도 편안함을 느낀다.

● ●

외모가 첫인상의 10%를 차지한다

심리학 법칙 중 하나인 메라비언의 법칙(The Law of Mehrabian)에 따르면 소통에서 각 요소가 차지하는 비중은 시각 정보가 55%, 청각 정보가 38%, 언어 정보가 7%라고 한다. 하지만 실제로 첫인상에서는 외모가 10%를 차지한다.

다만 불행인지 다행인지 외모는 신체적인 요소처럼 선천적으로 정해지는 부분이 많다. 또한 자기 모습을 영상으로 찍어서 타인의 시선으로 보면 인상, 외모, 동작 모두가 자기가 생각했던 모습과 달라 충격을 받는 사람이 많을 정도로 다들 제대로 인식하지 못하고 있다.

그래서 우선은 바꿀 수 있는 부분과 바꿀 수 없는 부분을 파악해서 인상을 만들어 가야 한다. 평소 사람들이 생각하는 자신의 이미지를 파악해서 자신이 생각하는 이상적인 이미지로 바뀔 수 있도록 맞춰가야 한다는 말이다.

이때 가장 확실한 효과를 볼 수 있는 아이템이 '옷'이다. 나 역시 옷입는 스타일을 바꿔서 영업 실적을 단숨에 끌어올린 적이 있다. 초기에 연한 분홍색의 하늘하늘한 원피스를 입고 사람들을 만났을 때는 100명을 만나도 계약을 따내지 못했다. 하지만 선배의 조언을 듣고 몸에 딱 맞는 원색의 원피스를 입고 머리를 넘겨 이마를 훤히 드러낸 스타일로 바꾸자, 상대의 관심을 끌었고, 3개월 후에 실적 1위를 기록할 수 있었다.

포인트는 자신의 퍼스널 컬러가 무엇인지, 자신에게 어울리는 스타일인지 아닌지가 아니라 원하는 분위기를 자아내려면 어떤 옷을 입어야 하는지다. 나에게는 당시의 경험이 외모로 인생을 바꿀 수 있다는 사실을 깨달은 큰 사건이었다.

겉모습을 바꿔서 얻을 수 있는 효과는 이뿐만이 아니다. '내가 변하면 사람들도 변한다'라는 사실을 바로 실감할 수 있고, 이렇게 변화의 즐거움을 깨닫게 되면 한 걸음 더 앞으로 나아갈 원동력도 얻을 수 있다.

상대에게 → "저는 알기 쉬운 사람이라는 말을 자주 들어요."

일단은 외모에 특징을 주어 자신이 어떤 사람인지를 상대가 쉽게 알 수 있도록 보여주자.

신비주의는 하나의 매력이 되기도 하지만 자칫 불신감을 심어주기도 한다. 사람은 복잡한 성격을 가진 존재이므로 당신이 먼저 '알기 쉬운 사람'이라는 사실을 드러내면 상대도 당신을 눈에 보이는 대로의 사람이라고 생각하고 마음을 놓게 된다.

상대의 마음속을 들여다볼 수는 없다. 하지만 먼저 '알기 쉬운 사람'이라고 밝히고 다가간 다음 의외로 속 깊은 모습을 보였을 때 상대가 긍정적으로 받아들인다면 좋은 일이 아닐까?

나에게 → "남에게 보여주고 싶은 모습을 보이는 건 나를 사랑하는 일이야."

"겉모습만 꾸미는 일은 결국 자기기만이다. 내면이 함께 변하지 않으면 의미가 없다."

물론 이런 생각도 충분히 이해는 한다. 하지만 그래도 나는 역시 남에게 보여주고 싶은 모습으로 자신을 꾸미는 일은 필요하다고 생각한다. 꾸며진 모습이라 해도 원래 본인이 가진 인성은 자연스레 스며 나오기 마련이고 어떤 상황이든 당신이 당신이라는 사실은 달라지지 않는다.

또한 원하는 외모를 연출하면 기분도 좋아진다. 자신이 지금 매력적으로 보인다는 생각이 들면 상대방의 반응도 긍정적으로 받아들이게 되고, 타인의 좋은 면을 보게 된다. 평소 모습에서 무력감을 느끼며 자신을 깎아내리기만 해서는 아무것도 바꿀 수 없다. 외모를 이상적으로 생각하는 모습으로 꾸미고 기분을 전환해서 지금보다 훨씬 나은 관계를 만들어 보자.

당신이 편안하고 행복한 인생을 보내는 일은 당신 혼자만의 문제가 아니다. 사람들을 위한 최고의 배려와 사랑이기도 하다.

나와 상대는 둘 다 명배우

사람들에게 일상에서 연기를 할 때가 있는지를 물으면 의외로 '그런 것 같다'고 대답하는 사람이 꽤 있다.

셰익스피어는 자신의 작품을 통해 "이 세상은 전부 무대이고 남성이든 여성이든, 우리는 모두 배우에 지나지 않는다"라고 말했다. 생각해보면 그의 말대로 우리는 항상 무의식중에 특정 '역할'을 연기하고 있다.

성격 심리학에서는 성격이 다음의 네 단계로 형성된다고 주장한다.

- 기질: 근본적인 성격
- 좁은 의미의 성격: 태어나서 발달기가 끝날 때까지인 12세까지 형성되는 성격
- 습관적 성격: 문화, 교육, 부모의 가치관에 따라 형성되는 성격
- 역할적 성격: 회사나 학교와 같은 환경과 사회의 가치관에 따라 형성되는 성격

인간관계를 형성할 때는 이 중 네 번째, 역할적 성격이 가장 중요하다. 관계를 맺는다는 말은 친구나 가족, 상사는 물론 접수 직원이나 완벽한 타인까지 어떠한 형태로든 특정 역할을 맡게 된다는 의미다.

이때는 무엇보다 서로의 역할을 인식하고 적절하게 연기하는 일이 중요하다. 특히 비즈니스 미팅에서는 각자 주어진 역할에 관한 '인식', '정의', '전제'가 다르면 문제가 발생한다.

예를 들어 상사는 부하가 자신의 지시를 따라주기를 바랐는데, 부하가 지시를 따르지 않았다고 하자. 이때 부하직원은 자신이 지시를 받는 입장이라는 사실을 인식하지 못했을 수도 있고, 그에게는 '부하는 상사의 지시를 따라야 한다'라는 전제 자체가 없을 수도 있다. 또는 부하라는 역할이 아니라 경험이 풍부한 인재라는 다른 역할을 중시하고 있을지도 모른다. 이럴 때는 서로 대화를 통해 차이를 좁히고 역할과 정의에 관한 인식을 서로 맞춰가야 한다.

상대의 반응이 예상과 다르다면 어느 부분에서 인식의 차이가 있는지 생각해 보고, 상대를 이해하려면 어떤 말을 건네야 하는지 고민해 보자. 말하지 않아도 아는 방법은 없다. 괜히 점잔은 척하지 말고 솔직하게 말해야 한다. 이해받으려는 노력, 상대를 이해하려는 노력에 힘을 쏟아야 서로가 편안한 관계를 형성할 수 있다.

● ●

상대를 위한 갑질은 해도 된다

역할에 관한 이야기를 하다 보면 대등한 관계가 바람직하다고 생각하기 쉽지만, 상하 관계는 어쩔 수 없이 존재한다. 서로의 입장을 고려하지 말고 솔직하게 터놓고 이야기하자는 말 자체가 상하 관계를 인식하고 있다는 증거다. 또한 자칫 '상대의 입장을 생각하지 말고 편하게'라는 말의 의미를 서로 다르게 받아들이면 '지나치다'는 비난이 돌아올 수도 있다.

애당초 상대의 입장을 고려하지 않고 말할 수는 없다. 그래서 의견 일치를 볼 수 있는 규칙이 필요하다. 예를 들어 '의견은 자유롭게 말할 수 있다', '업무 내용, 업무 시간 외에는 상하 관계를 신경 쓰지 않는다'와 같이 세세하게 규칙을 정해서 문서로 만들면 인식의 차이를 줄일 수 있다.

최악은 스스로 생각해 보라고 애매하게 지시를 내려서 혼란을 준 다음 마음에 들지 않는다고 화를 내는 태도다. 예를 들어 상사가 먼저 위아래 따지지 말고 편하게 이야기하라고 해놓고, 막상 부하직원이 편하게 말을 건넸더니 "지금 나를 무시하는 건가?"라며 화를 내면 부하는 혼란스러울 수밖에 없다.

윗사람이든 아랫사람이든 자신이 맡은 역할은 최대한 알기 쉽게 제시하는 것이 상대에 대한 배려다. '내가 윗사람이니 절대 무시하면 안 되고, 내가 하는 말을 듣지 않으면 불리할 테니 조심해라'라는 식의 태도는 말 그대로 갑질이다. 하지만 혼란을 피하려면 윗사람의 적당한 갑질도 필요하다.

- 상대가 혼란스럽지 않도록 명확하게 지시한다.
- 자신이 맡은 역할과 그에 따른 생각을 밝힌다.
- 인식의 차이가 있으면 재조정하고 구체적인 행동 규칙을 확인한다.

언뜻 갑질로 보일 수도 있겠지만, 윗사람이라면 이 세 가지 사항은 반드시 지켜야 한다. 인식의 차이가 생기는 이유는 부족한 전달력과 접근 방법에 관한 지식 부족, 상대가 가진 감각에 대한 이해 부족 때문이다. 즉 상대 탓이 아니라 자신의 책임이다. 또한 당신이 말을 건넸을 때 상대가 보이는 행동, 다시 말해 귀를 기울이는지, 흘려듣는지를 보면 자신이 사람들에게 신뢰받는 삶을 살아왔는지도 확인할 수 있다.

상대에게 → "갑질처럼 보였나요? 절대 아닙니다."

당신이 윗사람으로서 모호한 태도를 보인 탓에 상대가 거리감을 착각하고 선을 넘는 행동을 하면 서로에게 좋을 것이 없다. 당연히 당신은 기분이 상할 테고 상대는 전혀 악의가 없었는데도 졸지에 '기분 나쁜 사람', '눈치 없는 사람'이 되어버린다.

사람 중에는 눈치가 빠른 사람이 있는가 하면 그렇지 못한 사람도 있다. 상황을 재빨리 파악하는 데 서툰 사람에게는 상황에 따라 어떤 태도를 취하는 것이 적합한지, 어떤 행동을 해야 하는지를 구체적으로 전해야 한다. 갑질처럼 보여도 어쩔 수 없다. 윗사람의 역할을 맡았다면 그에 맞는 권위를 보여주어야 한다.

나에게 → "호감을 얻는 일보다 내 입장과 역할을 명확하게 밝히는 일이 더 중요해."

다음에 제시한 세 가지 사항은 윗사람으로서 지켜야 할 최소한의 생각과 행동 규범이다.

- 자신의 입장과 역할을 명확하게 밝힌다.
- 반드시 지켜야 할 사항을 확실하게 주지시킨다.
- 적당히 편하게 다가갈 수 있는 존재가 된다.

사람은 규칙을 지키지 않았을 때 자신이 불리해진다는 사실을 인지해야 반드시 규칙을 지킨다. 성과를 올리면 승진할 수 있듯이 상대의 요구를 들어주었을 때 자신에게도 이득이 생긴다는 사실을 인지해야 상대의 뜻을 따른다.

당신의 무의식 속에 자리 잡은 자기 보호 본능, 즉 미움받고 싶지 않고 호감을 얻고 싶다는 마음이 만들어 낸 너그러운 규칙이 과연 사회에서 통할까? 현실은 '그들을 이끌어 주어야 한다'라고 표현해도 절대 과하지 않다.

자신의 행동이 미칠 영향을 생각해서 미움받고 싶지 않으니 상냥하게 대해주자는 안일한 감정에 휩쓸리지 말고, 조금은 냉정해 보일지라도 모두가 알기 쉽도록 명확한 역할을 연기해야 한다.

● ● ●

신의 눈으로 보는 나

앞에서도 이야기했지만 외부의 관점으로 관찰해야 하는 요소는 외모뿐만이 아니다. '메타인지'는 자신의 인지 활동, 즉 느끼고, 생각하고, 판단하는 모든 행동을 한 차원 높은 시점에서 객관적으로 이해하는 능력을 말한다. 메타인지 능력을 활용해 자신을 관찰하면 겉모습이 주는 인상을 형성할 때뿐만 아니라 마음의 변화를 관찰하고 자기 행동의 의미를 파악하는 일에도 도움이 된다.

세계적으로 유명한 물리학자 아인슈타인도 "모든 문제는 그 문제가 발생한 차원과 같은 차원에서 생각하면 해결할 수 없다"라고 말했다. 해결책은 한 단계 높은 차원에서 생각해야 한다. 다시 말해 문제가 발생하면 제삼자의 관점에서 무의식중에 자신이 보이는 사고 패턴이나 버릇을 관찰하고 해결책을 찾아 대처해야 한다.

한 단계 높은 차원에서 생각하라는 말이 여전히 어려운가? 더 쉽게 말하자면 스스로 제삼자의 입장, 즉 다른 사람이 되었다고 생각하고 자신을 바라보라는 말이다. 만약 자신이 선생님이라면 어떤 조언을 해 줄지, 높은 곳에서 전체를 내려다보는 '부감적(俯瞰的) 시점'으로 생각해 보자는 말이다.

메타인지 능력을 활용하면 문제를 바라보는 자신의 고정관념을 깨 달을 수도 있고, 정면 돌파하지 않고 다른 각도에서 문제를 해결할 방 법이 보이기도 한다.

타인에게 무시당했다는 생각에 기분이 우울해진 상황을 예로 들어 보자. 이때 느끼는 부정적 감정은 최소 세 가지 관점으로 다시 생각해 다스릴 수 있다.

1_ 인지 과정에 대한 인식

무시당했다는 느낌 자체가 애당초 오해에서 비롯한 착각이었을 수도 있다. 무시당했다고 느꼈던 순간의 사고 과정을 돌이켜 생각해 보자.

2_ 감정적 해결

설령 정말로 무시당했다고 해도 자신감을 잃을 필요는 없다고 자신 을 다독인다. 그래도 마음이 가라앉지 않는다면 좋아하는 음악을 듣는 다든지 해서 기분 전환을 해보자.

3_ 현실적 해결

왜 무시당했는지를 곰곰이 생각해 보고 현실적인 해결책을 찾는다.

문제의 원인은 대부분 지금 눈에 보이는 사실보다 앞서 깔린 전제에 있다. 따라서 자신의 감각과 인지 과정, 사고 과정, 즉 생각의 기본 바탕에 고정관념이나 편견이 없는지를 제삼자의 관점으로 관찰해야 한다.

또한 한 인간의 자의식이라는 작은 틀을 뛰어넘어 신의 눈으로 문제를 바라보며 '이 문제를 해결하면 세상은 더 좋아진다'라는 생각을 품고 해결 방법을 찾아야 한다.

희로애락을 포함한 모든 감정과 물리적, 정신적 측면에서 세상의 일부인 나를 관찰하고 내가 편안하고 행복해지는 동시에 세상 사람 모두가 더 행복해질 방법을 생각해 보자.

● ●

100% 본받아 300배의 효과를 내라

결국 가장 중요한 문제는 '나는 어떤 사람으로 살고 싶은가'이다.

- 나에게는 어떤 특성이 있는가.
- 사람들이 보는 나는 어떤 사람인가.
- 나는 어떤 사고방식을 가졌는가.

우선 위 질문에 대답하며 당신 자신을 파악한 뒤에 '어떻게 되고 싶은지'를 생각하자.

이때 핵심은 현재의 자기 모습을 완전히 지우는 것이다. 현재의 당신은 과거의 당신이 쌓여서 우연히 만들어진 산물일 뿐이다. 앞으로의 당신은 지금부터 당신 스스로 자유롭게 만들 수 있다.

과거 말주변이 없던 나는 말투를 바꿔보려고 동경하던 여성 경영인의 영상을 보며 매일 30분씩 그녀의 말투를 따라 하는 연습을 했었다. 그렇게 1년쯤 지나자 말하기 실력이 몰라보게 늘었고 사회자나 강사로도 일할 수 있었다. 당시 나는 모델로 삼았던 여성 경영인을 100% 똑같이 흉내 내려고 노력했지만, 애당초 목소리부터 외모, 분위기까지 다 달랐기 때문에 결국은 나만의 스타일이 되어버렸다. 하지만 그 덕분에 더 좋은 평가를 받을 수 있었다.

개성은 매우 강력한 힘이다. 아무리 지우려고 해도 끈질기게 드러나는 성질이야말로 진정한 개성이다. 따라서 다른 사람의 장점을 흉내 내서 자신의 특성을 만든다고 해도 당신의 개성과 조합하다 보면 원래의 개성에 더해 표현력과 인간미까지 풍부해진다.

누군가의 장점을 발견하면 일단 따라 해보자. 의외로 아무도 모르게 당신의 새로운 가능성을 발견할 수 있을지도 모른다.

상대에게 → "연예인 닮았다는 말 듣지 않으세요?"

상대가 좋아할 만한 멋진 연예인이나 유명인을 꼽으며 "닮았다는 말 듣지 않으세요?"라고 말해보자. 닮은 부분은 얼굴도 좋고, 목소리나 분위기처럼 작은 부분이어도 상관없다.

연예인이나 유명인을 닮았다는 말은 상대를 기분 좋게 한다. 또한 상대에게 닮았다는 말을 건네려면 일단 상대를 관찰하는 능력이 필요하므로 사람을 관찰하고 분류하는 능력을 키우는 훈련도 된다.

나는 지금까지 총 만 명이 넘는 사람을 지도했다. 그때마다 대화할 때 상대가 풍기는 분위기로 성격이나 인성을 파악해서 어떤 말을 건넬지 생각했다.

타인과 함께 살아가야 하는 이상 우리는 사람을 이해해야 한다. 사람을 파악해서 분류하는 기술은 반드시 익혀야 한다.

나에게 → "롤모델은 동경만 하지 말고 닮아가자."

이상적인 모습으로 거듭나기 위해 롤모델를 활용하는 방법을 살펴보자.

1_ 나와 비슷한 사람을 찾는다

일단 롤모델은 성공한 사람이어야 하며, 그중에서도 나의 비슷한 성향을 가진 사람이어야 한다. 동경하는 마음만 앞서 자신과 성향이 전혀 다른 사람을 억지로 따라 하려고 하면 실패할 확률이 높다. 근본적으로 기질이나 성격은 바꾸기 쉽지 않기 때문에 자연스럽게 흉내 낼 수 있는 사람을 찾아야 한다.

2_ 롤모델의 성공 방식을 조사한다

겉으로 보이는 모습만이 아니라 롤모델이 성공할 수 있었던 이유와 방식을 철저하게 조사해야 한다. 무엇을 하고 있고 어떤 일을 해 왔는지, 그 사람이 했던 모든 일을 자신도 똑같이 한다고 생각해 보자.

3_ 특징을 따라 할 때는 하나씩 꼼꼼하게 흉내 낸다

이것저것 무조건 따라 하기보다는 한 번에 하나씩 흉내 낸다. 예를 들어 이번에는 목소리 톤을 흉내 내고 다음에는 표정을 따라 하는 식으로 포인트를 좁혀야 한다. 한 가지 포인트를 잡아서 시도하면 성공 여부를 바로 알 수 있어서 변하는 모습을 빨리 확인할 수 있고, 특징을 하나하나 습득해 가는 즐거움도 느낄 수 있다.

누군가를 흉내 낸 모습은 진정한 자신이 아니라고 생각하는가? 그렇지 않다. 핵심은 어떻게 활용하느냐에 있다. 성공한 사람을 따라 하며 좋은 점을 흡수하는 과정에서 새로운 나를 발견하고 더 나은 모습으로 성장해 가면 된다.

Part 3

상대의
마음을 울리는
말하기 비법

당신의 이야기를 듣고 싶어요

최선을 다해 열심히 말하고 있는데 상대의 얼굴에 지루함이 번져갈 때가 있다.

심지어 중요한 자리에서 상대가 그런 표정을 지으면 점점 초조해지고 말은 계속 꼬여간다. 말을 하면 할수록 사람들의 시선은 냉담해지고 결국 애처로운 눈으로 보는 사람까지 생기면 분위기는 걷잡을 수 없이 식어가지만, 이대로는 안 되겠다는 사실을 깨달았을 때는 이미 늦어버린 후다.

'이래서 말하기가 정말 싫다니까.'

이런 생각이 들 때만큼 우울할 때도 없다.

하지만 이제 걱정하지 말자. '3초 표현'을 활용하면 분위기를 단번에 바꿀 수 있다.

자연스럽게 이어지는 흐름이나 편안한 목소리도 물론 중요하다.

이해하기 쉬운 표현을 골라야 하고, 청중을 웃길 요소도 필요하다.

하지만 그것만으로 전하고 싶은 이야기를 완벽하게 전할 수 있을까? 사실 그렇지도 않다.

- 자기 어필을 하면 안 된다.
- 기교를 부리는 행동은 치사하다.
- 상대에게 무시당해도 참아야 한다.

만약 이 중 한 가지라도 그렇다고 생각한 적이 있다면 과감하게 새로운 방식에 도전해야 할 때다.

당신만이 할 수 있는 이야기, 상대의 마음을 울릴 수 있는 당신만의 전달 방식은 얼마든지 새롭게 만들 수 있다.

말을 상대에게 자연스럽게 전하는 요령을 터득하면 일단 당신이 즐거워지고, 즐겁게 말하는 당신의 이야기를 듣는 상대는 더 즐거워진다.

3장에서는 상대가 당신의 이야기에 관심을 보이지 않을 때 진심으로 귀를 기울이게 하는 방법과 더 적극적으로 듣게 하는 요령을 살펴보자.

● ● ●

듣기보다 말하기가 중요한 이유

● 듣기 능력이 가장 중요하다.
● 상대의 말을 잘 들어야 소통도 잘할 수 있다.
● 잘 듣기만 해도 말을 잘한다는 평가를 받는다.

이처럼 요즘은 경청이야말로 소통의 핵심이라고 보는 의견이 많다.

'상대의 말을 듣는 행위'에는 많은 의미가 담겨있다. 당연히 상대를 깊이 이해하고 생산적인 관계를 형성하기 위한 '경청'도 매우 중요한 소통의 요소다. 그저 상대의 말을 잘 들어주기만 해도 어느 정도는 좋은 사람으로 보이니 큰 문제 없이 소통할 수 있다.

당신이 상대의 말을 잘 들어주는 '좋은 사람'이라는 역할에 만족한다면 듣기만 해도 충분하다.

하지만 만약 자신만의 매력을 타인에게 인정받고 싶다면 듣기 능력만으로는 부족하다. '말하기' 능력을 반드시 갖춰야 한다.

말하지 않으면 사람들은 당신이 어떤 사람인지, 무슨 생각을 하는지 알 길이 없다. 일부러 시간과 품을 들여 당신과 대화할 가치가 있는지 자체를 판단할 수 없다.

소통의 목적은 앞에서도 이야기했듯이 정보를 교환하기 위해서다. 따라서 사실 더 많은 정보를 효율적으로 얻으려면 듣기만 하는 편이 나을 수도 있다.

하지만 우리는 누구나 말을 하고 싶어 한다. 지식이나 경험이 거의 없어서 말하기보다는 듣고 정보를 습득하는 편이 훨씬 효율적인 어린 시절부터 말하고 싶은 욕구를 참지 못한다. 어째서 그럴까?

● ●

모든 순간이 프레젠테이션

말은 나 자신을 알리는 수단이다. 나라는 존재를 알리고 나와 관계를 맺으면 어떤 이익을 얻을 수 있는지를 설명하는 일종의 프레젠테이션이다.

동물의 세계에서는 몸집의 크기와 털의 윤기, 전투력과 같은 신체적 요소로 능력을 평가한다. 누가 동료이고 적인지, 누구를 우두머리로 삼을지를 겉모습을 보고 판단해서 관계성을 정한다. 그래서 공작은 날개를 펼쳐 몸집을 크게 보이려 하고, 고릴라는 자기 가슴을 세게 치며 고양이는 털 고르기를 한다. 이런 행동을 통해 자신의 우수함을 상대에게 적극적으로 알린다.

반면 인간은 강한 신체 능력보다는 협동 체제와 지능을 가진 덕분에 지금까지 살아남을 수 있었다. 정보와 지식을 습득해 동료들과 공유했기 때문이다.

따라서 우리는 정보를 얻어가기만 하는 상대에게는 매력을 느끼지 못한다.

책임자나 영향력이 있는 사람은 자신의 생각이나 정보를 공유하기 위해 말을 한다. 꼭 달변가가 아니어도 상관없다. 강연에서는 무조건 화자(話者) 즉 정보를 제공하는 사람이 돈을 받고, 청자(聽者) 즉 정보를 얻어가는 사람이 돈을 낸다.

그만큼 말하는 사람의 존재감이 압도적으로 높다.

그렇다면 당신이 하는 말을 사람들이 듣게 만들려면 어떻게 해야 할까?

간단하다. 유익한 정보를 제공해 자신이 도움이 되는 존재라는 사실을 알리면 된다.

사람은 상대가 자신에게 도움이 된다고 느꼈을 때 관계를 형성하고 싶어 한다. 과거 우리 조상들도 마실 물이 있는 위치나 먹을 수 있는 식물에 관한 정보와 같이 생활에 필요한 정보를 제공하는 사람을 촌락의 일원으로 받아들이지 않았을까? 정보를 얻어가기만 하고 도움이 되지 않는 사람과는 관계를 형성할 필요가 없다.

따라서 목소리를 내야 하고 상대가 당신의 목소리에 귀 기울이게 해야 한다. 듣기의 달인이라고 해서 말하기를 절대 소홀히 해서는 안 된다.

● ●

적극적으로 귀 기울이게 하는 말하기

지금까지 설명한 바와 같이 말하기는 중요한 능력이다. 그리고 그만큼 위험도 따른다. 듣기만 했을 때는 특별히 문제가 생길 일이 없지만, 화자가 되면 말투나 내용에 따라 청자에게 외면당할 수도 있다. 다시 말해 듣는 사람이 '저 사람과 얽히고 싶지 않다'라고 생각할 수도 있다는 말이다.

그러니 당신도 편하게 이야기하고 상대도 편하게 들을 수 있도록 다음의 사항들을 명심하자.

상대를 적극적으로 귀 기울이게 하는 포인트
- 상대가 현상을 어떤 식으로 이해하는지 파악한다.
- 당신의 이야기를 듣고 싶게 만든다.
- 상대가 듣고 싶어 하는 화제를 제공한다.

1_ 상대가 현상을 어떤 식으로 이해하는지를 파악한다

상대에게 당신을 알리고 싶다면 당신이 먼저 상대를 파악해야 한다.

스웨덴 사람들은 '사람은 모두 각자가 가진 문화적 배경과 사상이 다르다'고 생각하기 때문에 "너는 어떻게 생각해?"라는 질문을 자주 한다. 만약 이때 모호하게 대답하면 "무슨 뜻이야?", "혹시 이런 뜻이야?"라며 계속해서 진지한 질문이 쏟아진다. 얼핏 추궁하는 것처럼 들리기도 하지만, 악의나 질책할 의도는 전혀 없다. 그들은 단지 상대의 생각을 알고 싶을 뿐이다. 스웨덴에서는 자신이 이해할 때까지 확인하는 일이 일반적이다.

그들에게 대화란 상대가 원하는 정보를 제공하는 행위다. 따라서 상대가 무엇을 원하는지 알아내기 위해서 질문을 한다.

반면 일본 사람은 기본적으로 나와 타인이 똑같다고 생각한다. 하지만 비슷한 부분은 있을 수 있어도 각자 다른 환경에서 자라면서 다른 경험을 했고, 다른 지식과 감수성을 가지고 살아온 사람이 완전히 같을 수는 없다.

따라서 대화를 통해 상대가 현상을 어떻게 이해하는지를 파악하는 과정을 반드시 거쳐야 한다.

2_ 당신의 이야기를 듣고 싶게 만든다

여기서 잠깐 생각해 보자. 당신은 상대에게 '이해하고 싶은 사람', '이야기를 듣고 싶은 사람'일까?

아무도 원하지 않는 상황에서 무조건 나를 이해해달라며 강요해서는 안 된다.

가끔 일방적으로 자신을 이해해달라고 말하는 사람이 있다. 하지만 '자신을 소중히 여기고 지금 그대로의 모습을 받아들여 원하는 대로 행동하라'라는 말을 자기 편할 대로 해석해서 실제 행동으로 옮기면 이해는커녕 오히려 미움을 사게 될 것이다.

3)_ 상대가 듣고 싶어 하는 화제를 제공한다

당신이 제공하는 정보가 꼭 돈이나 능력에 관한 이야기일 필요는 없다.

단순히 "어떻게 그렇게 늘 긍정적일 수 있으세요?"라는 질문에 대한 대답일지라도 알고 싶어 하는 사람이 있고 가르쳐주고 싶은 사람이 있으면 수요와 공급이 성립한다.

다만 그러려면 우선 상대에게 '믿고 싶은 존재'가 되어야 한다.

상대가 당신에게 어떤 정보를 원할지를 끊임없이 생각하자. 궁극적으로 상대를 당신의 팬으로 만들어 당신의 이야기는 무엇이든 듣고 싶어 하는 관계로 발전하는 것이 가장 이상적이다.

따라서 상대가 계속 당신에 관해 궁금해하도록 노력하면서 동시에 당신을 믿어줄 사람을 찾아보자. 상대가 보이는 흥미와 관심은 대화 방향을 알려주는 이정표가 된다.

말하기에는 위험이 따른다. 하지만 분명 그 이상의 가치가 숨어있다.

상대에게 → "그런 방법도 있겠네요."

대화는 캐치볼과 같다. 청자의 역할을 맡은 상황에서도 적절한 순간에는 당신의 의견을 말해야 한다. 이때 상대가 당신에게 얼마나 관심이 있는지를 알아보고 싶다면 이 표현을 활용할 수 있다.

맞장구를 치면서 "그런 방법도 있겠네요"라고 말하면 당신에게 무언가 다른 생각이 있다는 뉘앙스를 줄 수 있다.

이때 상대가 호기심을 드러내며 묻는다면 새로운 관점을 제시하고 이해할 수 있도록 차근히 설명한다.

반대로 상대가 관심을 보이지 않고 그냥 넘긴다면 당신의 이야기에 흥미가 없거나 아직은 자기 이야기를 더 하고 싶다는 의미다. 그럼에도 말하고 싶다면 상대가 관심을 보일 수 있도록 캐릭터 설정과 접근 방법을 바꿔서 다시 타이밍을 노려야 한다.

나에게 → "하고 싶다면 말해. 말하지 않을 거라면 불만도 품지 마."

하고 싶은 말이 있다면 용기를 내서 말해보자. 원만하게 대화가 흘러가야만 성공은 아니다. 혹시 당신의 말이 예상과 다른 결과를 불러

왔다고 해도 당신이 잘못 생각했을 때는 상대가 어떤 표정을 짓는지 미묘한 반응을 확인할 수도 있고, 개선의 여지를 찾아내 다음번에 활용할 수도 있다.

입을 꾹 다물고 있다가 나중에야 상대가 당신의 뜻을 알아주지 않았고, 자기 말만 늘어놓으며 당신의 말은 전혀 듣지 않았다고 불만을 토로해봤자 결국 다 당신 탓일 뿐이다.

용기를 내자. 혹시 분위기가 썰렁해지더라도 말해야겠다는 각오를 다지고 당신의 생각을 이야기해 보자. 어쩌면 상대가 당신의 이야기에 귀를 기울여줄지도 모르는 일이다.

"잠깐 제가 말해도 될까요?"라고 물었을 때 거절하는 사람은 거의 없다. 다만 일단 대화의 주도권을 잡았더라도 상대의 흥미를 끌지 못하면 화제는 금방 다시 바뀌고 주도권도 도로 빼앗기게 된다. 하지만 그렇더라도 상대를 탓해서는 안 된다. 문제는 당신의 부족한 말하기 능력에 있다.

말주변이 없으니 반대로 듣기는 잘할 거라고 생각했다면 그 또한 오산이다. 경청에도 단계가 있다. 심리 상담사나 심리 치료사, 상담 코치처럼 타인의 이야기를 듣는 전문가들은 온 힘을 집중해 상대의 이야기에 귀를 기울인다. 자기 말만 한다고 상대에게 불만을 품는 사람이나 이야기를 들으면서 망상이나 자기중심적인 생각에 빠지는 사람은 결코 상대에게 다가갈 수 없다.

'대화할 때는 상대를 배려해야 한다'거나 '대화는 주고받아야 하는 것이니 혼자만 말해서는 안 된다'라는 생각을 상대에게 강요해서는 안된다. 하고 싶은 말이 있다면 기회는 당신이 잡아야 한다.

● ●

진심으로 상대를 위한다면 전달력을 키워라

기교를 부리는 행동은 치사하다. 꾸밈없이 진심을 그대로 보여주어야만 바람직한 모습이다.

물론 이런 생각도 일리는 있다. 소통은 감정을 전달하는 일이 중요한 만큼 내용 없이 기교만 부려서 상대의 마음을 홀리려는 자세로는 호감을 얻기 힘들다. 하지만 만약 당신이 편안한 인간관계를 원하고 상대에게 도움을 주고 싶다면 전달력은 반드시 높여야 한다.

당신이 상대에게 도움이 되는 가치를 가지고 있다고 해도 상대에게 전해지지 않으면 아무런 의미가 없다. 당신이 해결책을 제시해도 상대가 그냥 지나가는 말로 흘려들으면 그의 인생은 변하지 않고 당신도 그에게 아무런 도움을 줄 수 없다.

상대의 말을 경청하며 인정욕구를 채워주는 역할도 좋지만, 기왕에 상대의 문제에 끼어들었다면 가치 있는 조언을 해주고 그 사람에게 '가깝게 지내고 싶은 존재'가 되어보는 건 어떨까?

우리에게는 쉬는 시간을 포함해 매일 24시간이 주어진다. 그 누구도 이 절대적인 시간을 늘릴 수는 없다. 당신은 이 시간을 누구와 함께 보내며 그 사람에게 어떤 영향을 주고 있는가?

당신의 시간과 노력이 당신과 상대 모두에게 의미 있게 쓰일 수 있도록 전달력을 키워보자.

상대에게 → "진정한 의미에서 상부상조하는 방법을 찾아봅시다."

우리가 지향해야 할 바람직한 모습은 표면상 원만한 관계가 아니라 진정한 의미에서 상부상조하는 관계다. 관계를 오래 유지하려면 관계를 통해 서로가 성장하고, 행복하고 편안하게 더 나은 관계로 발전해 나갈 수 있어야 한다. 한쪽이 다른 한쪽의 성장을 방해하거나 가능성을 차단하는 불건전한 관계는 오래가지 못한다.

우리는 사람이기에 이왕이면 편하게 나 혼자 이득을 얻고 싶다고 생각할 수 있다. 자기희생도 할 필요 없다. 다만 마찬가지로 상대를 제물로 삼아서도 안 된다.

서로가 성장하는 유익한 상황을 만들고 싶다면 속이거나 재지 않는 공평한 관계를 원한다는 진심 어린 자세를 보여주고, 당신의 뜻에 공감하는 사람과 함께 해야 한다.

나에게 → "상대가 이해하지 못하는 건 내 잘못이야."

당신의 뜻이 상대에게 전해지지 않았다면 이는 상대의 문제가 아니라 당신의 문제다.

- 상대가 인식만 하면 이해할 수 있는 내용인데 인식하지 못했다.
- 상대의 이해 수준을 잘못 판단했다.
- 상대의 호기심을 자극할 동기를 찾지 못했다.

이유는 다양하겠지만 당신의 생각이 상대에게 전해지지 않는 이유는 상대의 문제가 아니라 당신의 노력이 부족했기 때문이다. 물론 원래 전하기 힘든 부분도 있겠지만, 당연히 전해질 거라고 생각했던 부분이 전해지지 않았다면 조금 더 고민해 보자. 당신의 전달력에 따라서 얼마든지 더 좋은 결과로 바꿀 수 있다.

● ●

말하기의 달인은 상대의 대답을 끌어낸다

소통에서는 상대가 어떤 사람인지, 나는 어떤 사람인지, 상대는 나를 어떤 사람으로 생각하는지를 이해하는 일이 가장 중요하다. 하지만 질문을 하고 확인하는 과정을 통해서 상대를 파악하려고 해도 상대가 대답을 피하며 얼버무릴 때가 있다. 여기서는 그 원인과 대책에 관해 이야기해 보자.

상대가 대답을 피하는 원인과 그에 따른 대처법

- 당신이 자기 이야기는 하지 않기 때문에 → 스스로 자기 자신을 노출한다.
- 질문이 이해하기 어렵기 때문에 → 쉬운 말로 바꿔서 다시 질문한다.
- 상대가 말하고 싶지 않기 때문에 → 자연스럽게 말하고 싶게 만든다.

1_ 당신이 자기 이야기는 하지 않기 때문에 → 스스로 자기 자신을 노출한다

질문을 해도 상대가 대답을 피하려 한다면 당신의 자기 개방(self-disclosure) 정도가 부족했기 때문일 수도 있다.

예를 들어 뜬금없이 무슨 동물을 좋아하는지 물으면 상대는 자신이 왜 좋아하는 동물을 가르쳐줘야 하는지 의문을 느껴 선뜻 대답하지 않는다. 하지만 당신이 먼저 "저는 고양이를 좋아해서 반려동물로 키우고 있어요. 당신은 어떤 동물을 좋아하시나요?"라고 말을 꺼내면 상대가 느끼는 거부감을 줄일 수 있다.

상대의 이야기를 듣고 싶다면 먼저 당신의 이야기부터 해야 한다. 일방적으로 혼자만 이야기를 늘어놓으면 곤란하지만, 원칙적으로 '자기 개방은 스스로 먼저' 해야 한다.

2_ 질문이 이해하기 어렵기 때문에 → 쉬운 말로 바꿔서 다시 질문한다

상대가 대답을 얼버무린다면 혹시 당신의 질문이 어렵지 않았는지 생각해 보자. 일반적으로 열린 질문(자유 응답)보다는 닫힌 질문(선택 응답)이 대답하기 편하다. 또한 먼저 열린 질문을 한 다음 반응이 충분치 않으면 닫힌 질문으로 바꾸어 다시 질문하는 방법도 있다.

예를 들어 "휴일에는 무슨 일을 하세요?"라고 막연하게 질문했을 때 "글쎄요……, 쇼핑?"이라는 식으로 상대의 대답이 고민하다가 한마디로 짧게 끊어지면 바로 닫힌 질문으로 바꾸는 것이 좋다. "휴일에는 그냥 쉬는 사람도 있고 꼭 일정을 만드는 사람도 있잖아요. 카페에 간다거나 친구를 만난다거나 밀린 잠을 자는 사람도 있고, 집안일을 몰아서 하기도 하죠"라며 질문을 이어간다. 그러면 상대는 당신의 말에서 힌트를 얻어 문뜩 떠오른 생각을 말하게 된다.

이때 염두에 두어야 할 점은 단 한 가지다. '무슨 일을 하는가?'라는 질문에 어떤 대답이 이어지는지에 따라 상대가 계획을 세우는 유형인지, 당일 기분에 따라 정하는 유형인지, 내향적인지 외향적인지와 같은 개인적 가치관을 이야기할 계기를 만들어야 한다는 점을 잊지 말자. 핵심은 질문을 통해서 상대가 생각의 나래를 펼칠 수 있도록 돕는 일에 있다.

3_ 상대가 말하고 싶지 않기 때문에 → 자연스럽게 말하고 싶게 만든다

상대의 말을 들어주는 일이 더 중요하다고 생각해서 평소 말하기보다는 듣기에 치중하는 사람은 질문을 해도 적극적으로 대답하려고 하지 않는다. 이런 사람의 입은 어떻게 열어야 할까? 방법은 두 가지다.

● 상대가 말하고 싶어질 만한 흥미로운 화제를 꺼낸다

좋아하는 화제가 등장하면 누구나 입이 근질거리게 된다. 상대의 취미든, 업무든, 무엇이든 상관없다. 분야를 막론하고 적극적으로 이야기할 만한 내용에 관한 질문을 던져보자.

● 상대가 자기도 말하고 싶어질 정도로 먼저 쉴 새 없이 떠든다

상대가 말하고 싶어지게 하려면 당신이 먼저 쉴 새 없이 떠드는 것도 하나의 방법이다. 사람은 일방적으로 이야기를 듣기만 하면 저도 모르게 자기도 말하고 싶어진다. 이때 타이밍을 잘 노려서 "저 혼자만 너무 떠들었네요. 죄송합니다. ○○ 씨는 어떻게 생각하세요?"라고 말해보자. 분명 상대의 입이 열릴 것이다.

상대의 이야기를 듣지 않으면 상대를 이해할 수 없다. 필요하다면 자신이 먼저 수다쟁이가 되어야 한다.

나를 먼저 드러내 신뢰를 얻어라

"자기 개방은 자기 이야기를 하면 되는 거죠? 그건 자신 있어요." 이런 말을 하는 사람이 있지만, 정말 그럴까? 자기 개방은 단순히 자기 자신의 이야기를 털어놓는다는 개념이 아니다.

당신은 진정한 의미에서 자기 개방을 하고 있는가? 혹시 '자기 개방 필터'를 끼우고 무난한 일, 칭찬받을 만한 일, 호감을 얻을 수 있는 일화만 공개하지 않았는지 다시 한번 생각해 보자.

자기 자신을 개방한다는 말의 의미는 좋은 점은 물론 나쁜 점까지 포함해서 모두 공개한다는 뜻이다. 완벽한 모습을 보여서 가까워진 후에 단점을 드러내 상대에게 실망을 주기보다는 처음부터 서로의 단점을 받아들이고 가까워져야 관계를 오래 유지할 수 있다.

우리가 남에게 장점만 보여주고 싶은 이유는 자존심 때문인지도 모른다. 하지만 실패담이라고 하면서 슬쩍 자기 자랑을 늘어놓거나 포장된 이야기, 1차원적 꿈만 이야기해서는 상대의 마음을 움직일 수 없다. 도전했다가 실패해서 좌절했던 이야기, 즉 어쩔 수 없었던 안타까운 사연을 나누어야 서로 가까워질 수 있다.

누구나 감추고 싶어 하는 이야기를 털어놓아야 상대의 신뢰를 얻을 수 있다.

물론 당신을 통해서 얻을 수 있는 이익을 어필하는 것도 중요하지만, 그것만으로는 충분하지 않다. 상대는 유익한 점도 있지만 거기에 더해 인간적인 재미와 매력, 조금은 어설픈 부분도 있는 당신에게 매력을 느낀다.

상대에게 → "관심 없으실 수도 있지만 당신에게도 의미 있는 일일 겁니다. 조금 더 이야기해도 괜찮을까요?"

만약 상대가 당신의 이야기를 지루해한다면 "관심이 없으실 수도 있지만"이라는 표현을 사용해서 당신이 상대의 반응을 지켜보고 있다는 사실을 알려주자. 이때 상대에게도 들을 만한 가치가 있는 일이라는 말을 덧붙인다.

당신이 얼마나 재미있는 사람인지를 상대에게 알리지 않으면 서로 손해다. 처음에는 지루해하던 사람도 이야기를 끝까지 듣고 나면 당신이 얼마나 매력적이고 재미있는 사람인지 깨닫거나 필요한 정보를 얻고 기뻐할지도 모른다. 따라서 상대가 당신에게 귀 기울일 수 있도록 이야기 도중에 '귀가 솔깃해지는 말'을 끼워 넣어야 한다.

나에게 → "나를 이해시키는 일은 결국 상대를 위한 일이야."

상대에게 자신을 이해시키는 일, 가까이 다가가는 일이 부담스럽다면 스스로 이렇게 말해보자.

겉으로는 "별로 대단하지도 않은 이야기를 들어주어서 감사합니다"라고 겸손하게 말하더라도, 속으로는 '나와 가깝게 지내는 게 당신에게도 좋은 일이야'라고 자신감에 차 있어야 든든하고 믿음이 가지 않을까?

자신과 가깝게 지내면 상대도 행복해진다고 자신 있게 생각할 수 있을 만큼 멋진 사람이 되어보자.

● ● ●

사람은 주관적이다

우리는 때때로 한껏 폼을 잡고 '객관적으로'라는 표현을 쓰지만 사실 엄밀히 말해서 사람은 객관적일 수 없다. 누구나 자기 방식에 맞춰 인지하고, 생각하고, 발언한다.

같은 풍경이나 현상을 봐도 모두가 각자 다르게 인지하고 느낀다. 그 이유는 사람이 다음의 세 가지 요소를 통해 세상을 인식하기 때문이다.

- 눈, 귀, 코, 혀, 피부와 같이 오감을 느끼는 물리적 감각기관
- 뇌와 신경, 호르몬과 같이 정보를 감각으로 인식하는 수용적 기관
- 경험으로 형성되는 사고회로

누구나 이 세 가지 필터를 통해서 현상을 인지하고 생각한다. 따라서 같은 입장이라고 해도 100% 똑같이 이해할 수 없고, 주관 외의 다른

방식으로 이해하는 것도 불가능하다.

그러니 아무리 중립적이고 객관적이며 절대적인 말을 들어도 우리는 주관적으로 받아들이고 주관에 맞춰 활용할 수밖에 없다.

'빨강'이라는 말을 듣고 떠올리는 색은 모두 다르다. 시각은 빛이 각막을 통해 들어와 시신경을 거쳐 뇌에 전달되면 거기서 완성되는 이미지를 투영해서 볼 뿐이다. 따라서 같은 사과를 보더라도 각자의 눈을 통해 들어와 지각으로 느끼는 붉은 색은 모두 다르다. 눈으로 보는 현실은 당신의 뇌가 만들어 낸 이미지에 불과하다.

나는 지금까지 여러 번 갑자기 감각이 변하는 경험을 한 적이 있다. 어느 날 아침 눈을 뜬 순간에 세상이 달리 보이기 시작했는데, 나중에야 갑자기 세상과 하나가 된 듯한 기분에 휩싸였던 이 경험이 '각성 체험'이라는 사실을 알았다.

예를 들면 모든 색이 밝아지거나(시각) 지금까지 들리지 않았던 소리가 들리기도 했다(청각). 실제 감각기관인 눈이나 귀의 상태는 변하지 않았는데 나의 감각, 즉 내가 오감을 통해 느끼는 세상이 한순간에 달라졌다.

물리적인 감각기관을 통해 들어온 정보는 모두 뇌에서 처리되어 체감하게 된다.

나는 사람들이 같은 현상을 각자 다르게 인식한다는 사실을 통해 오감은 뇌가 지배하고, 각자가 보는 세상이 모두 다르다는 사실을 실감했다. 또한 모두가 각자 다른 뇌를 가지고 있기 때문에 인간관계가 어렵다는 점도 통감할 수 있었다.

똑같은 표현이라도 당신과 완전히 똑같은 의도로 사용하는 사람은 한 명도 없다. 따라서 다양한 관점에서 모든 표현과 화제를 이용해 당신의 생각을 전달하는 노력이 필요하다.

상대에게 → "이미 알고 계시겠지만."

이 표현은 상대의 감정과 생각은 알 수 없다는 사실을 전제로 서로 이해하려는 마음을 공유하고자 할 때 활용할 수 있다. 사실 이 표현을 쓸 때 상대가 실제로 알고 있는지 아닌지는 전혀 중요하지 않다. 그 이유는 다음과 같다.

1_ 상대는 반박할 수 없다

"○○ 씨라면 이미 알고 계시겠지만요"라고 말해도 어떤 내용인지 말은 하지 않았으니 상대는 "아니요. 모르는데요"라고 반박할 수 없다.

2_ 긍정적으로 받아들인다

"모르시겠지만"이라고 하면 무시당하는 느낌이지만 "아시겠지만"이라고 말하면 자신을 예리한 사람으로 본다는 느낌이 들어 긍정적으로 받아들이게 된다. 저도 모르게 정말 알고 있다는 반응을 보이고 싶어진다.

3_ 일단 당신의 말에 귀를 기울이게 된다

이미 알고 있다는 전제가 깔렸기 때문에 상대는 엉뚱한 소리를 할 수 없게 된다. 따라서 무엇을 알고 있어야 하는지 당신의 말에 귀를 기울일 수밖에 없다.

또한 "감이 좋으시니까 이미 알고 계시겠지만"이라는 말을 들으면 기분이 좋아져서 더 귀를 기울이게 되니 일거양득의 효과를 볼 수 있다.

나에게 → "상대가 나와 같은 표현을 썼다고 마음 놓으면 안 돼."

상대가 당신과 같은 표현을 쓰면 서로 이해했다는 뜻일까? 그렇게 생각한다면 오산이다.

쥐가 생각하는 '큰 동물'과 코끼리가 생각하는 '큰 동물'은 같을 수 없다. 쥐에게는 고양이나 개도 큰 동물이지만 코끼리에게 고양이는 작디작은 동물일 뿐이고, 하마나 고래쯤은 되어야 큰 동물이다.

당신이 청자이든 화자이든 상대가 당신과 같은 표현을 사용했다고 해서 마음을 놓아서는 안 된다.

● ● ●

상대의 마음을 꿰뚫어 보는 점쟁이가 돼라

재미있는 사람을 싫어할 사람이 있을까? 그러니 상대의 '웃음 포인트'를 자극할 방법을 생각해 보자. 웃음으로 일단 상대의 마음을 열면 계속해서 또 다른 재미로 이어갈 수 있다.

여러 사람 앞에서 말해야 할 때는 듣는 모두가 '나에게 말하고 있다'라고 생각하고 즐길 수 있도록 이야기를 끌어나가야 한다. 예를 들어 묵묵히 듣고만 있는 사람이 있다면 일부러 그 사람을 가리키며 "저분은 그런 건 10년 전부터 알고 있다는 얼굴을 하고 계시네요"라고 농담을 던져 관심을 끌어낸다.

사람은 누구나 속으로는 타인과 관계를 형성하고 싶어 하고, 자신을 알아주기를 바란다. 그래서 심리 테스트나 점을 보고 '당신은 이런 유형의 사람이군요'라는 말을 들으면 즐거워한다. 다시 말해 사람은 하고 싶은 말이 무엇인지 말하지 않아도 알아주는 사람을 가장 좋아한다.

반대로 자신을 잘 모른다, 자신에게 관심이 없다고 느끼면 마음을 닫아버린다. 따라서 당신이 상대에 관해 잘 알고 있다고 말할 수 있을 만큼 상대를 이해하는 일이 가장 중요하다.

상대에게 → "지금 ○○라고 생각하셨겠지만."

여러 사람 앞에서 말을 하는 상황이라면 당신에게는 1대 다수겠지만, 여전히 상대에게는 1대 1이다. 따라서 반드시 자신을 상대로 말하고 있다고 느낄 수 있게 해야 한다. 소외된 느낌을 받으면 상대의 관심은 바로 식어버린다.

그런 상황에서는 이 표현을 활용해 상대의 생각을 맞춰보자. "지금 ○○라고 생각하실 것 같은데요"라고 상대의 마음을 꿰뚫어 본 듯한 말을 꺼내서 깜짝 놀라게 하고, 상대가 귀를 기울이면 그때 당신이 하고 싶은 말을 하면 된다.

이 표현은 특히 부정적인 반론이 나올 것 같은 상황에서 효과가 크다. 예를 들어 "지금 한 이야기가 조금 전에 한 이야기와 관계가 없다고 생각하시겠지만, 그렇지 않습니다. 왜냐하면……", "지금 현실적으로는 어렵다고 생각하셨겠지만"이라는 식으로 상대가 떠올렸을 법한 부정적인 반론을 예상해서 먼저 말한 다음에 이야기를 계속한다. 그러면 상대는 '이미 알고 있는데도 하는 이야기라니 어디 한번 들어보자' 라는 생각에 귀를 기울이게 된다.

나에게 → "눈앞에 집중하면서 5초 앞을 예상해."

현재 생각에 집중하는 동시에 한수 앞을 내다보자. 당신의 말을 들었을 때 상대가 어떤 생각을 할지, 어떤 반응을 보일지를 예상해서 다음으로 꺼낼 말을 생각해야 한다. 항상 상대의 다음 반응을 내다보고 계획을 세우자.

물론 예상을 벗어나는 일도 있겠지만 상관없다. '5초 후 미래 예상하기'는 두뇌 훈련에도 도움이 되는 유용한 기술이다.

앞일을 생각하다 보면 현재에 집중할 수 없다고 생각하겠지만, 연습해서 습관으로 만들면 불가능한 일이 아니다. 여유가 생기면 상대가 쓰는 표현 하나하나부터 시선, 몸짓까지 눈에 들어온다. 동시에 자신의 표정과 동작에도 신경 쓰며 표현이나 반응을 적절히 골라 사용할 수도 있게 된다.

그런 의미에서 생각하면 대화하는 시간은 여유로우면서도 정신없이 바쁘다. 상대가 입을 다물고 있는 시간에도 그사이에 더 효과적으로 전달할 방법을 생각해야 한다. 물론 가끔은 상대의 이야기에 푹 빠져서 열심히 듣는 것도 좋지만, 어차피 흘러가는 시간이라면 항상 자신이 할 수 있는 일을 생각해서 능력을 최대한으로 발휘할 수 있도록 노력해 보자.

상대의 예상을 뛰어넘어라

상대의 생각을 예상할 수 있으면 당신이 하는 대답을 듣고 상대가 어떤 생각을 할지를 알 수 있다. 상대의 생각을 알았다면 이제 그 예상을 뛰어넘어 보자.

재미있는 사람은 예상치 못한 행동으로 사람들을 웃게 한다. 책을 쓸 때는 이미 알고 있는 지식 80%와 새로운 지식 20%로 구성해야 최적의 균형이라고들 한다. 대화도 마찬가지다. 예상한 대로의 말을 고개를 끄덕이며 듣다가 갑자기 허를 찔려 깜짝 놀라는 순간에 재미를 느낀다.

그래서 즉석 프레젠테이션에서 성공하려면 일단 청중의 예상을 뒤집어야 한다. 예를 들면 모두가 '상냥한 표정이 중요하다'라고 생각할 때 상식을 뒤집어 '인간관계에서 상냥한 표정은 필요 없다'라고 주장한다. 그 후에 설득력 있는 이유를 덧붙이면 청중은 재미있는 발표자라는 생각에 호기심을 느끼게 된다.

상대의 예상을 뛰어넘어 새로운 가치관을 제공하자.

상대에게 → "보통 ㅇㅇ라고 생각하잖아요? 맞습니다. 그리고……."

일반적으로 "ㅇㅇ라고 생각하잖아요?"라는 말을 들으면 다음에는 "그런데 그렇지 않습니다"라는 말이 이어질 차례라고 예상한다. 따라서 이때 "맞습니다"라고 말하면 상대의 예상을 뒤집을 수 있다.

여기서 핵심은 상대의 사고회로를 완벽하게 이해하지 못했더라도 말 한마디로 얼마든지 예상을 뛰어넘을 수 있다는 사실이다.

무조건 예상을 뒤집어야 한다는 생각에 집착해서 상대의 생각을 예상하는 일에 지나치게 예민해질 필요는 없다. 다만 일단은 상대의 생각을 예상해야 예상을 뒤집는 반응도 보일 수 있으니, 빗나가도 괜찮다는 마음을 가지고 상대의 생각을 읽는 연습부터 시작해 보자.

나에게 → "똑같은 말을 두 번 반복하는 건 시간 낭비야."

중요한 내용을 전달할 때 다시 한번 반복하고 싶다면 되도록 같은 표현을 쓰지 말고 다양하고 풍부한 표현을 활용해야 한다. 글을 쓸 때도 마찬가지다. 다양한 표현을 사용하면 더 많은 사람의 마음을 울릴 수 있고, 독자의 이해도를 높일 수 있다.

머릿속에 확실히 심어주기 위해서 핵심 단어를 반복하기도 하지만, 듣는 사람이 지겨울 정도로 같은 말만 계속 반복해서는 안 된다. 다양한 각도에서 접근하며 듣는 사람이 여러 시점으로 정보를 얻어갈 수 있도록 표현의 폭을 넓혀보자.

●●

자기긍정감이 높은 사람과 낮은 사람

실제 대화에서는 같은 표현을 사용해도 상대의 성격에 따라 각자 다른 의미로 받아들인다. 따라서 말을 할 때는 상대를 고려해서 표현을 선택해야 하는데, 이때 중요한 요소 중 하나가 자기긍정감이다.

자기긍정감이 낮은 사람은 무조건 긍정적인 칭찬을 좋아한다. 이런 사람들은 일반적으로 자신감이 낮고 자기 자신을 부정하는 경향이 강해서 상대에게 이해나 인정을 받고 싶어 한다. 다만 무슨 말이든 부정적으로 받아들이는 사람도 있어서 가끔은 칭찬을 비약으로 듣기도 하니 주의해야 한다.

반면 자기긍정감이 높은 사람은 독창적인 칭찬을 좋아한다. 이미 칭찬받는 일에 익숙한 사람들이라 조금은 색다른 칭찬을 듣고 싶어 한다. 예를 들어 사람의 마음을 사로잡는 능력을 칭찬하고 싶을 때 똑바로 눈을 맞추며 "정말 재미있는 분이네요"라고 말하거나, 붙임성이 없는 사람에게 "의외로 상냥하시네요"라고 칭찬하면 좋은 반응을 얻을 수 있다.

사람의 성격은 모두 다르다. 따라서 상대가 어떻게 느끼는지를 100% 예상할 수는 없다. 하지만 상대를 생각하며 고민했던 경험은 분명 당신을 성장시키고, 앞으로 만날 사람들과 좋은 관계를 형성할 수 있는 밑거름이 된다.

그다음은 운명에 맡기면 된다.

어떤 결과가 나오든 다 좋다. 최선을 다해 타인과 마주하려 노력한 모습 자체를 멋지다고 생각해야 행복해질 수 있다.

상대에게 → "사실은 다른 사람을 유심히 지켜보고 배려하는 분이시 잖아요."

이 표현은 자기긍정감이 낮든, 높든 상관없이 모든 사람이 좋아한다.

사람들 사이에서 관계를 형성하고 살아가야 하는 이상 타인을 배려하는 사람이라는 평가를 받으면 기분이 좋을 수밖에 없다.

구체적으로 살펴보자면 자기긍정감이 낮은 사람에게는 '숨은 실력자'라거나 '티 내지 않고 은근히 배려하는 모습이 멋지다'라는 식으로 겸손한 모습과 노력을 함께 칭찬하는 말이 좋다.

또한 자기긍정감이 높은 사람을 칭찬할 때는 의외의 모습에 감동했다는 뉘앙스를 넣으면 좋다. 예를 들어 "화제의 중심에서 사람들을 이끄는 사람이라고 생각했는데 의외로 한 사람 한 사람 유심히 지켜보며 배려하는 분이셨네요"라며 본인도 미처 깨닫지 못했던 면을 칭찬하는 것이 좋다.

칭찬 자체를 목적으로 생각하지 말고 상대의 좋은 점을 찾아 말해주며 서로를 멋지다고 생각하는 관계를 형성해 보자.

● ● ●

원하는 바를 먼저 제시하라

상대가 당신에게 특정 인상과 감정을 느끼기를 바란다면 당신이 먼저 원하는 바를 말해야 한다.

말은 의식의 방향을 조정해서 관련된 생각들을 끌어낸다. 사람은 특정 단어를 보거나 들으면 해당 단어를 의식하게 되고 무의식중에 관련된 요소를 찾는다.

'흰곰 생각 실험'이라는 유명한 심리학 실험이 있다. 실험에서 "흰곰은 절대 생각하지 말라"라고 지시하면 피실험자들은 금지된 생각임에도 불구하고 흰곰을 더 많이 생각한다.

이 실험에서 알 수 있듯이 상대에게 심어주고 싶은 이미지를 당신이 먼저 말하면 상대는 '왠지 그런 것 같다'라고 느끼게 된다.

말 한마디로 상대를 당신의 생각대로 이끌 수 있다.

상대에게 → "알기 쉽게 말하면", "예를 들면"

"알기 쉽게 말하면"이라는 말을 들으면 상대는 지금부터 들을 내용은 이해하기 쉽다고 생각하게 된다.

쉽게 이해할 수 있는 간단한 내용이라는 전제를 상대의 머릿속에 심어두었으니 이제 당신이 차근차근 설명하기만 하면 신뢰도를 높일 수 있다. 결과적으로 상대는 당신의 말을 더 쉽게 이해하게 된다. 어려운 개념을 설명해야 할 때도 우선 상대에게 '어렵지 않다'라는 인상을 심어주어야 이해하기 쉽게 전달할 수 있다.

"예를 들면"이라는 표현도 마찬가지다. 이해하기 쉬울 거라는 기대감을 형성해서 상대의 관심을 유발하는 효과가 있다.

말을 시작할 때 상대의 생각을 원하는 방향으로 이끌 수 있는 말을 적극적으로 붙여보자. 물론 방향을 제시하면 상대가 실제로도 그렇게 느낄 수 있도록 하는 노력이 필요하다. 하지만 상대에게도 도움이 되는 방향이라면 적극적으로 상대의 감각을 이끌어 주어야 하지 않을까? 이 또한 상대를 배려하는 마음이다.

나에게 → "결국 상대가 어떻게 생각했으면 좋겠어?"

원래 말에는 당신이 그 말을 하고 싶은 마음보다 상대가 듣고 당신의 의도대로 생각하기를 바라는 마음이 더 크게 담겨있다.

따라서 궁극적으로 생각해야 할 부분은 결국 상대의 마음속에 무엇을 남기고 싶은가다. 상대가 느꼈으면 하는 감정과 생각을 떠올리고 거기서부터 거꾸로 당신이 해야 할 말을 찾아보자.

무의식 속 동기를 자극하라

사람은 이기적이다. 상대가 당신의 이야기에 귀 기울이는 이유는 결국 자신에게 도움이 되고 재미있기 때문이다. 따라서 말을 할 때는 먼저 상대에게 당신의 이야기를 들어야만 하는 동기를 만들어 주어야 한다.

그래서 세미나나 강연에서는 마인드셋(mind-set)이 중요하다.

갑자기 본론부터 꺼내면 듣는 이의 감성에 따라 제각각 해석해 버린다. 따라서 처음에 지금부터 하는 이야기는 어떤 마음가짐으로 들어야 하는지, 결국 어떤 결론에 도달할 수 있을지를 짚고 넘어가야 한다. 먼저 청중에게 당신의 관점을 이해시켜야 당신이 의도한 결론에 도달할 수 있다.

또한 중간중간 왜 이 이야기를 들어야 하는지, 어디에 도움이 되는지, 무엇을 얻을 수 있는지를 다양한 표현을 사용해 언급하며 계속 들고 싶게 만들어야 한다. 따라서 흥미를 유발하는 표현과 유익함, 재미, 의의, 장점, 목표를 적절한 위치에 끼워 넣어야 한다.

자신과 관련 없는 이야기라고 생각하면 그때부터는 무슨 말을 해도, 아무리 목소리를 높여도 그저 귀찮은 소음으로만 들릴 뿐이다.

하고 싶은 말이 있다면 반드시 상대를 이해하려 노력하고, 자신이 가진 기술을 적극적으로 구사해 생각을 전달해야 한다. 소중한 시간이 당신과 상대 모두에게 의미 있는 시간이 될 수 있도록 고민해 보자.

상대에게 → "제가 이런 말을 하는 이유는요."

상대가 당신의 이야기에 귀 기울이게 하려면 먼저 당신의 이야기를 들었을 때 얻을 수 있는 이점과 목적을 밝혀야 한다. 또한 약 15분마다, 또는 주제가 바뀔 때마다 가치를 강조하고, 상대가 흥미를 잃어간다는 느낌이 들면 거수로 대답할 수 있는 질문을 던져서 자신과 관련이 있는 이야기라는 사실을 상기시켜야 한다.

상대가 원하는 바를 고려해서 해당 부분을 어필한다는 생각으로 "이 방법을 활용하면 이와 같은 결과가 나옵니다. 어떻게 해야 하는지 구체적으로 말씀드리면……"과 같은 식으로 말하면 무조건 하자고 밀어붙일 때보다 상대도 긍정적으로 듣게 된다.

당신의 말이 반은 허풍에 가까운 이야기가 아니라 유용하게 활용할 수 있는 정보라고 생각하며 듣게 해야 한다. 결국 이해 정도와 가치는 말의 내용이 아니라 상대가 어떻게 인식하는지에 따라 정해진다.

나에게 → "사람은 자신에게 이익이 되는 일에만 흥미를 보인다는 사실을 잊지 마."

사람은 자신에게 이익이 되는 일에만 흥미를 보인다는 사실을 명심하자. 누구나 자신만의 세계관을 구축하고 자기 방식대로 살아간다. 이렇듯 사람은 자기중심적으로 생각하기 마련이지만, 그럼에도 들어주는 사람이 없으면 아무 의미가 없다. 그러니 더 적극적으로 당신만의 매력을 상대에게 알려야 한다.

우선은 이런저런 방법으로 상대의 마음을 움직여 관심을 끌어보자.

당신 역시 무의식중에 자신의 이익만 생각한다. 당신이 즐겁고 재미있는 일, 이익이 되는 일에 시간과 노력을 쏟고 싶은 만큼 상대도 똑같다.

상대의 관심사를 눈여겨보며 어떤 것을 원할지 생각해 보자. 그것이 소통의 기본이다.

● ● ●

여유는 어른이 갖춰야 할 필수 덕목

누구나 한 번쯤은 상대에게 무시당했다고 느낀 경험이 있을 것이다. 이런 감정은 일반적으로 여성이 더 많이 느끼는데, 나 역시 예전에는 바보 취급을 당하거나 무시당했다는 생각 때문에 사람들과 함께 있는 시간이 괴롭고 사람 자체가 싫었던 때가 있었다.

혹시 당신도 무의식중에 이런 생각을 한 적이 있지 않은가?

- 내가 아무리 열심히 이야기해도 상대는 그냥 웃으며 흘려들을 거야.
- 나는 어차피 머릿수 채우기나 자기 자랑을 들어줄 사람으로 필요하겠지.
- 내가 먼저 관심을 보이면서 말을 꺼내고 분위기를 조성해야 해.

이런 생각을 하는 자신이 마음에 들지는 않지만 딱히 어떻게 해야 할지 몰라 어쩔 수 없이 평소대로 상대를 대한다. 하지만 이대로는 어떤 상대와 대화를 나누어도 결국 당신은 만만한 상대가 되고 만다. 만만한 상대가 되고 싶지 않다면 다음의 세 가지를 명심하자.

만만한 사람이 되지 않는 마음가짐
- 조용히 입을 다물고 있어도 괜찮다.
- 상대의 예상을 뛰어넘어야 매력적인 사람이 된다.
- 웃지 않아야 말에 무게감이 생긴다.

1_ 조용히 입을 다물고 있어도 괜찮다

침묵이 무서워서 저도 모르게 입을 열게 되는 마음은 이해하지만, 오늘부로 침묵을 두려워하는 마음은 과감하게 버리자. '침묵은 꼭 필요한 시간'이다.

우선 '침묵을 지배하는 사람이 분위기를 지배한다'라는 말부터 가슴에 새기자. 분위기가 얼어붙은 순간에 침묵이 생기는 것이 아니라 상대에게 생각할 시간을 주기 위해 침묵을 만들어야 하는 것이다. 이 시간에 괜히 초조해하며 아무 말이나 뱉으면 오히려 상대에게 알랑거리는 경박하고 소심한 사람으로 보일 수 있다.

침묵은 비어있는 시간이 아니다. 침묵이 채워진 시간이다.

악보에 등장하는 쉼표 역시 분명한 의미가 있다. 전체 흐름에서 무음이 필요한 부분이 있기 때문에 존재한다. 따라서 대화의 흐름을 파악하고 공백을 둘 타이밍을 설계한다는 의미에서 '침묵을 두려워하지 않는 연습'이 필요하다. 여유롭게 침묵을 즐기는 당당한 자신감을 보이면 아무도 당신을 만만하게 보지 않는다.

2_ 상대의 예상을 뛰어넘어야 매력적인 사람이 된다

분위기를 파악해서 상대가 원하는 바를 알아냈다면 예상을 뛰어넘는 행동을 해보자. 처음에는 상대도 당황하겠지만 결국은 예측 불가능한 사람인 당신에게 흥미를 보이게 된다.

- 상대가 농담을 던졌을 때 웃지 않는다.
- 시원시원하게 답을 주지 않고 일부러 한 박자 늦게 반응을 보인다.
- 눈앞에 상대가 있어도 혼자만의 세계에 들어가 상념에 빠진다.

소통의 달인이라면 절대 하지 않을 법한 행동을 의도적으로 해보면 어떻게 될까? 당신이 예상치 못한 반응을 보였을 때 상대가 어떻게 받아들이는지를 알아보는 경험도 중요하다.

상대의 반응을 유심히 살펴보고 가뿐하게 그 예상을 뛰어넘는 강인한 정신력을 키워보자.

3_ 웃지 않아야 말에 무게감이 생긴다

상대에게 좋은 인상을 심어주는 일은 물론 중요하지만, 상대가 당신의 말을 진지하게 듣기를 원한다면 좋은 인상보다는 '무게감'이 필요하다.

- 낮은 목소리로 천천히 말한다.
- 미소를 지우고 진지한 표정으로 말한다.
- 필요에 따라서 상대의 눈을 똑바로 바라보며 강한 인상을 준다.

제안하는 자리나 강의에서 이야기를 제대로 듣지 않으면 그만큼의 기회손실을 감수하게 된다. 따라서 상대의 손실을 줄여주기 위해서라도 상대가 당신의 이야기에 집중하도록 해야 한다.

딱딱한 표정은 호감도를 떨어뜨리니 자신보다 윗사람을 대할 때는 역효과를 초래하지 않도록 조심해야 하겠지만, 당신이 정보를 제공하는 쪽이라면 방긋방긋 웃지 않아서 일시적으로 호감도가 떨어지더라도 전체적으로 보면 크게 영향을 미치지 않는다. 상대가 더 나은 인생을 살 수 있고 진심으로 고마움을 느낀다면 그것이 당신이 낼 수 있는 최대의 성과가 아닐까?

이런 상황에서 유용하게 사용할 수 있는 표현을 살펴보자.

상대에게 → "그렇게 생각하시는군요."

이 표현은 엄밀히 말해 상대의 생각에 동의하지 않는다는 뜻이다. 상대의 말에 전혀 동의할 수 없고 도대체 이 사람이 무슨 말을 하는지 이해가 되지 않는다면 조금은 정 없이 들리더라도 개의치 말고 그저 남의 일이라는 듯이 이렇게 말해보자.

이해할 수는 없지만 상대가 그렇게 생각한다는 사실만은 인정한다는 의미에서 사용할 수 있는 표현이다. 예를 들면 상대가 "당신은 ○○한 사람이죠?"라고 물으면 "그렇게 보이는군요"라고 대답하고, "지금 그 말씀은 ○○라는 뜻이죠?"라고 물으면 "그렇게 생각하시는군요"라고 대답하는 식이다. 상대가 불쾌감을 느끼고 화를 내지 않을 정도로 적당히 맞장구를 쳐주는 기술이다.

갑자기 미소를 지우고 침묵을 지키는 일이 어렵다면 의도적으로 나는 당신과 생각이 같지 않다는 반응을 보이며 상대의 생각에 동의하지 않는 연습을 해보자.

나에게 → "만만하게 보이지 마."

혹시 상대가 당신이 기대했던 태도를 보이지 않았을 때 잘못이 상대에게 있다고 생각하는가?

'저 사람은 너무 무례해.' '저 사람은 사람을 무시하는 경향이 있어.' '저 사람은 늘 잘난 척만 한다니까.' 무심코 상대를 탓하며 문제가 모두 상대에게 있다고 생각할 수도 있다. 하지만 잘못된 생각이다.

애당초 대단한 사람이나 긴장되는 사람 앞이었다면 상대도 예의에 어긋나는 태도가 아니라 어디까지나 정중하게 '좋은 사람'의 모습으로 대응했을 것이다.

태도는 관계성과 역할에 따라 정해진다. 상대가 당신을 무시했다면 당신이 만만하게 생각해도 괜찮다는 인상을 풍겼기 때문일 수도 있다. 어쩌면 상대의 무례한 태도는 미움받고 싶지 않다는 생각에 비위를 맞추고 예의 없는 행동을 눈감아주었던 당신의 태도에서 비롯되었을지도 모른다.

상대에게 무시당하고 싶지 않다면 당신이 직접 가르쳐주어야 한다. 상대가 어떤 태도를 보일지는 당신에게 달려 있다. 당신이 먼저 상대를 무례한 사람으로 만들지 않는, 즉 만만하게 볼 수 없는 사람이 되어보자.

Part 4

분위기와 관계를
편안하게 만드는
듣기의 비법

재미없는 이야기도 유익한 이야기로 듣는 비법

사람은 원래 재미있는 존재다. 나와는 전혀 다른 환경에서 태어나 완전히 다른 인생을 살며 다양한 경험을 한 존재이니 재미있지 않을 수가 없다. 그런데 어째서 다른 사람의 이야기를 듣는 일은 그다지 재미있지 않을까? 상대에게 더 재미있는 이야기를 끌어낼 수는 없을까?

상대의 이야기가 재미없는 이유는 애당초 당신이 상대에게 어떤 이야기를 듣고 싶은지 확실히 알려주지 않았기 때문이다.

물론 어떤 이야기든 기꺼이 귀를 기울이는 태도가 나쁘다는 말은 아니다.

다만 관심 있는 분야에 관해 듣고 싶다면 먼저 상대에게 당신이 무엇을 원하는지 알려주어야 한다.

말이든, 표정이든, 몸짓이든, 어떤 방법으로든 상관없고, 질문도 망설이지 말고 던져보자.

당연히 말하는 상대도 당신이 유익하고 즐거운 시간을 보내기를 바란다.

그러니 지나치게 상대를 배려하기보다는 상대가 당신이 듣고 싶은 이야기를 할 수 있도록 이것저것 질문하는 편이 낫다.

물론 때로는 아무 말도 하지 않고 상대의 이야기를 듣기만 해도 괜찮다.

하지만 듣기를 수동적인 일이라고 생각하며 그저 맞장구만 치기에는 소중한 시간이 너무 아깝다.

앞으로는 상대의 말을 들을 때도 적극적으로 행동하며 나와 상대에게 모두 좋은 방향으로 나아갈 수 있도록 만들어 보자.

상대는 어떤 표정으로 어떤 표현을 쓰며 어떤 생각으로 말할까?

지금부터 들으나 마나 한 이야기일지라도 말하는 상대를 기분 좋게 만들고, 당신에게도 도움이 되는 이야기로 듣는 요령을 살펴보자.

4장에 등장하는 3초 표현을 활용하면 당신도 자연스럽게 듣기의 달인이 될 수 있다.

●●

리액션으로 듣고 싶은 말을 끌어내라

3장에서는 자신만의 방식으로 편안하게 소통하려면 단순히 듣기 능력만이 아니라 말하기 능력도 중요하다고 말했다.

그다음 단계로 4장에서는 서로에게 도움이 되는, 무엇보다 함께 있는 자리를 즐겁게 만들어 주는 능동적 듣기 방법에 관해 이야기해 보자.

우리는 리액션이라는 말을 들으면 적절한 순간에 맞장구를 치고, 미소를 띤 얼굴로 몸을 앞으로 당겨 열심히 들으려고 하는 자세, 한마디로 긍정적이고 적극적인 반응을 떠올린다.

그런데 애당초 리액션은 왜 하는 걸까?

상대가 기분 좋게 이야기할 수 있도록 배려하기 위해서일까?

아니다. 사실 리액션은 당신이 관심 있는 이야기를 듣고 싶어서 보이는 반응이다.

리액션은 수동적인 행동이 아니다. 상대를 기분 좋게 하기 위한 배려가 아니라 자신이 알고 싶은 내용을 끌어내 서로에게 의미 있는 시간을 만들기 위한 적극적인 행동이다.

말하는 사람은 항상 듣는 사람을 의식한다. 다시 말해 상대는 당신이 보이는 반응을 보고 당신이 어떤 사람인지, 무슨 생각을 하는지를 판단해서 그에 맞춰 말의 내용과 말투를 변경한다.

따라서 적극적인 리액션으로 당신의 관심을 표출하면 처음에는 말할 생각이 없었던, 숨겨두었던 비밀 이야기까지 꺼내게 만들 수 있다.

다시 말해 당신의 리액션이 상대가 가진 말하기 능력의 최고치를 끌어낸다.

● ● ●

겉모습은 들을 때도 중요하다

리액션을 할 때도 말 표현보다는 우선 겉모습에 신경 써야 한다. 질문도 좋은 방법이지만 우선은 표정이나 동작을 통해서 보기만 해도 당신이 어떻게 생각하는지를 알 수 있도록 해야 한다.

시각적 리액션이 미치는 영향력은 말보다 크다. 몰래카메라를 설치했을 때 "정말 깜짝 놀랐어요"라는 어색한 감상평보다는 펄쩍 뛰면서 아연실색하고 순간 얼어붙었다가 큰 소리로 웃음을 터트리는 반응을 봐야 보는 사람도 성공이라고 느낀다.

다만 기본적으로 상대에게 만만하게 보이지 않을 만큼의 연출은 필요하다.

예를 들어 고급 브랜드 매장에서는 손님이 입고 있는 옷이 가게 직원의 접객 태도에 영향을 미친다. 사람은 일상생활에서 항상 서로를 평가

한다는 사실을 잊지 말자. 우선은 상대가 당신이 즐겁게 들어주기를 바라고 당신의 반응에 신경 쓰도록 만드는 겉모습을 연출할 필요가 있다.

그 후에 당신의 리액션으로 상대의 액션을 유도한다.

표정만으로 대화의 흐름을 바꾼다

당연한 말이겠지만 즐거운 표정으로 어떻게 생각하는지를 물으면 즐거운 이야기를 들을 수 있고, 난처한 표정으로 상대의 의견을 물으면 심각한 이야기가 이어진다.

리액션의 중심은 표정이다. 따라서 표정만으로 희로애락을 표현하는 연습이 필요하다. 이야기의 내용과 당신이 원하는 바에 맞춰 당신의 감정을 표정에 드러내 보자. 표정을 바꿔서 조금 더 밝은 이야기를 하고 싶다거나 화제를 바꾸고 싶다, 진지한 분위기로 이야기하고 싶다는 뜻을 전할 수 있다.

그중에서도 웃는 연습이 가장 중요하다. 사람들이 당신을 얼마나 잘 웃는 사람으로 생각하는지 파악해서 원하는 수준의 웃음을 정확하게 표현할 수 있도록 완벽하게 연습해야 한다.

- 웃음보가 터져서 멈출 수 없을 정도의 큰 웃음 → 100
- 재미있어서 터진 폭소 → 80
- 평범한 웃음 → 50
- 약간 지루하다는 티가 나는 웃음 → 30
- 예의상 짓는 사무적인 미소 → 10

예를 들어 당신의 웃음을 보고 사람들이 "웃음보가 터졌네"라고 말했다면 '이 정도로 웃으면 웃음보가 터져서 멈추지 못한다고 생각하는구나'라는 사실을 알 수 있다. 웃음의 단계는 주변 사람들과 비교하면서 고정값(초기 설정, 즉 여기서는 일반적인 리액션)에서 위아래로 적당한 차이를 두고 설정한다. 원래 리액션이 큰 사람은 상한을 높게 잡고, 무의식중에 너무 가볍게 웃어버리는 사람이라면 마음을 굳게 먹고 정중한 미소를 짓는 연습을 하자. 또한 이때 표정 외에도 고개를 갸웃하거나 몸을 앞으로 당기는 행동, 골똘히 생각하는 표정도 같이 연습하면 좋다.

그리고 또 한 가지, 심각한 표정과는 확실히 구분되는, 집중하고 편안하게 듣는 표정도 연습해야 한다. 긴장하다 보면 어떤 표정이 평범한지도 잘 모르게 된다. 자칫 여유를 잃었더라도 상대가 알아차리지 못하도록 평범한 표정일 때의 근육이나 눈의 감각을 기억해 두고, 심호흡을 해서 빨리 마음을 진정시킬 수 있도록 하자.

이렇게까지 해야 할 필요가 있을까 생각하겠지만, 나는 그래야 한다고 생각한다. 대화는 청자일 때나 화자일 때나 항상 편안한 마음으로 즐길 수 있어야 한다. 상대가 자신을 어떻게 보고 있는지 철저하게 분석해서 적절한 리액션을 하면 대화하는 시간을 상대의 이야기를 들으면서 자신의 생각을 전할 수 있는 유익한 시간으로 만들 수 있다.

상대에게 → "저, 그런 이야기 정말 좋아합니다."

관심 있는 화제가 등장하면 당신이 먼저 그 분야를 정말 좋아한다고 말해보자.

사실 이 표현은 상대에게 자신이 좋아하는 화제를 알려줄 때보다는 싫어하는 화제를 알려줄 때 더 효과적이다. 대놓고 "그 이야기에는 관심이 없습니다"라는 말은 하기 힘들고, 그런 말을 들으면 상처받는 사람도 있다.

그렇다면 관심이 없는 화제가 나오면 뜨뜻미지근한 반응을 보이면서 질문을 하지 않는 방법은 어떨까? 맞장구도 치지 않고 슬쩍슬쩍 옆으로 시선을 돌리면서 대화의 흐름을 끊어 상대가 말을 이어가기 어려운 분위기를 조성한다.

그 후에 당신이 먼저 관심 분야에 관한 질문을 던져도 좋고, 우연히 상대가 관심 있는 화제를 꺼내면 기뻐하면서 "저, 그런 이야기 정말 좋아합니다"라는 반응을 보인다. 이 반응을 통해 지금 하는 이야기를 계속했으면 좋겠다는 당신의 마음을 암암리에 전할 수 있다.

나에게 → "정말 궁금한 질문을 생각해 봐."

상대가 당신이 전혀 관심이 없는 이야기만 계속한다면 이때는 '질문'을 이용해서 당신이 듣고 싶은 내용과 화제를 끌어내야 한다. 관심 방향에 따라 어떤 질문을 해야 하는지 대표적인 예를 살펴보자.

- 상대의 인품에 관심이 있을 때 → 추억이나 성장 과정, 고민, 꿈에 관한 질문
- 상대의 인생에 관심이 있을 때 → 직업이나 사고방식에 관한 질문
- 상대와 똑같은 성과를 내고 싶을 때 → 노하우, 지식, 마음가짐에 관한 질문

서로 관심이 많아서 심도 있는 논의를 할 수 있는 분야나 누구나 흥미를 느끼는 주제를 찾아보는 것도 좋은 방법이다. 핵심은 서로가 즐겁게 이야기할 수 있어야 한다는 점이다.

● ●

목소리로 감정을 움직인다

표정에 더해 목소리도 감정에 큰 영향을 미친다. 2장에서 잠시 이야기했듯이 목소리로 희로애락을 표현할 수 있고, 대화의 방향성도 제시할 수 있다. 말끝에서 목소리를 어떻게 바꾸는지에 따라 이대로 자신이 계속 이야기할지, 상대에게 바통을 넘길지가 정해진다.

질문을 할 때는 말끝에 약간 힘을 빼서 수용적인 느낌을 주었다가 마지막만 살짝 높이는 것이 좋다. 당신의 입에서 던져진 말이 부드럽게 호를 그리며 날아가 상대에게 안정적으로 도착하는 느낌과 비슷하다. 야구선수처럼 곧장 세게 날아가는 직구를 던지면 힘껏 받아치거나 피해 버릴 수 있다. 대화는 절대 강속구로 주고받으면 안 된다.

예를 들어 "그 말은 무슨 뜻인가요?"라는 말을 평소 목소리 톤으로 말하면 상대의 생각을 비판하는 듯한 인상을 줄 수 있지만, 같은 말이라도 말끝에서 톤을 살짝 낮추고 억양을 부드럽게 올려 물으면 순수하게 궁금해서 묻는 것처럼 들린다.

또한 중요한 이야기를 할 때도 목소리 톤과 속도를 바꿔서 변화를 줄 수 있다. 모든 말이 다 중요하겠지만 계속 바짝 긴장한 상태로 심각하게 말하면 오히려 장황하게 들릴 수 있다. 완급을 조절해야 한다는 사실을 잊지 말자.

일반적으로 어미 부분에서는 대부분 무의식적으로 목소리를 조정한다. 이런 효과를 의도적으로 연출할 수 있도록 훈련을 해두면 이야기가 생각대로 진행되지 않을 때 효과적으로 활용할 수 있다.

상대에게 → "대단하네요! (목소리의 긴장도를 확 끌어올려서) 그래서요?"

"와~." "몰랐어요.", "대단하네요!" "센스가 좋으시다." "그렇구나."

자칫 여우짓으로 보일 수 있는 이런 짧은 감탄사도 리액션으로 활용하면 대화에 리듬감을 줄 수 있다.

다만 이런 한마디로 리액션을 했을 때는 조금만 타이밍이 틀어져도 대화가 갑자기 끊어질 수 있다. 만약 그런 상황이 발생하면 당신이 다시 분위기를 잡을 수밖에 없다.

예를 들어 한껏 목소리를 높여서 "대단하네요!"라고 말했는데 순간 정적이 흐르면 자연스럽게 "그래서요?"라고 물어서 다시 대화를 이어간다. 원래라면 상대가 "그래서······"라고 말하면서 말을 이어가야 했겠지만, 반대로 당신이 먼저 물어서 대화를 자연스럽게 이어갈 수도 있다.

영업 관련 연수에서는 '단 한마디'로 다양한 감정과 분위기를 표현하는 연습을 한다.

상냥함, 지성, 흥미, 자신만의 캐릭터, 따뜻함, 솔직함, 짜릿함 등등, 한마디 말로도 대화의 흐름과 상대에게 심어주는 인상을 바꿀 수 있다.

나에게 → "일단은 상대가 알아야 한다는 걸 잊지 마."

리액션은 일단 상대가 알아차려야 의미가 있다. 화자는 일부러 청자에게 혼란을 주기도 하고, 어려운 말을 쓰기도 하면서 여러 가지 방법으로 듣는 사람의 흥미를 부추긴다. 하지만 청자가 화자에게 자신의 반응을 전하는 행동인 리액션은 쉽고 명확할수록 좋다.

화자가 자연스럽게 이야기를 이어가길 바란다면 적절한 타이밍에 맞장구를 치고, 관심 있는 화제를 끌어내고 싶다면 듣고 싶은 부분이 나왔을 때 상대가 바로 알아차릴 수 있게 리액션을 해야 한다. 반대로 이야기의 주제나 화자의 태도가 불편하다면 심드렁한 반응을 보이면 된다. 다시 말해 상대가 알기 쉽게 당신의 솔직한 마음을 담은 반응을 보여주는 것이 중요하다.

상대에게 심드렁한 반응을 보이는 일이 마음에 걸리겠지만, 재미없는 이야기를 참고 듣다가 상대가 불편해지면 그 관계는 계속 유지할 수 없다. 서로가 편안한 관계를 유지하려면 불편함을 느꼈을 때 분명하게 밝혀야 한다. 상대에게 항상 좋은 사람이 되고 싶다는 집착부터 버리자.

●●●

상대가 먼저 마음을 열게 하는 방법

마음을 연 사이는 서로 가까워져서 솔직하게 속마음을 보여주고, 무엇이든 터놓고 이야기할 수 있는 관계를 의미한다. 그렇다면 누군가와 가까워지고 싶을 때는 어떻게 하면 좋을까? 무조건 상대의 말에 고개를 끄덕이면서 듣기 좋은 말을 쏟아내고 분위기를 맞춰주면 될까?

사실 답은 간단하다. 상대가 당신과 친해지고 싶다고 생각하게 만들면 된다.

하지만 말이 쉽지, 구체적으로 어떻게 해야 할지를 떠올리면 막막하다. 일단 사람은 어떤 사람과 친해지고 싶어 하는지부터 생각해 보자.

친해지고 싶은 사람

- 나를 믿고 존경하며 좋아해 주는 사람
- 나에게 보탬이 되는 사람

● 내가 싫어하는 일을 하지 않는 사람

1_ 나를 믿고 존경하며 좋아해 주는 사람

　사람은 누구나 자신을 믿고 존경하며 호감을 보이는 사람을 좋아하기 마련이다. 사실 나쁜 남자에게 끌리는 여성의 심리는 본능이라는 면에서 생각하면 이해할 수 없는 일이다.

　그러니 누군가 자신에게 호감을 보인다면 '나를 좋아해 주어서 고맙다'라고 생각하기 전에 먼저 사람 보는 눈이 있고 감이 좋은 상대의 능력을 칭찬하자. 물론 자신이 좋아하는 상대에게 호감을 얻는 일이 쉽지는 않다. 만약 당신이 아직 주변 사람들에게 많은 관심과 애정을 받지 못하는 사람이라면 당신이 먼저 사람들에게 다가가 보자.

　상대에게 호감을 얻는 데 필요한 첫 번째 조건은 '관심'이다. 당신이 먼저 상대에게 관심을 가져야 한다. 단 한 가지 포인트여도 괜찮다. 관심이 있는 척을 하는 것이 아니라 진심으로 관심을 보이면 상대도 당신에게 관심을 보이게 된다. 다만 이때 진심 어린 관심이 아니라 관심 있는 척이라면 상대도 금세 알아차리고, 당신도 지루하기만 할 뿐이다. 따라서 일단은 상대에게 진심으로 관심을 가지고 흥미를 느낄 수 있는 포인트를 찾아야 한다.

　이때 질문을 하고 상대의 대답을 듣는 방법을 활용할 수 있다. 예를 들어 상대의 프로젝트가 성공했을 때 "정말 대단하네요"라고 칭찬하는 선에서 그치지 말고 "원래 하던 활동에서 힌트를 얻으신 건가요? 아니면 예전부터 관심이 있었던 일이었나요? 성공 비결 좀 가르쳐주세요"라는 식으로 다른 사람들보다 한 단계 깊은 관심을 드러내면 상대도 자기를 궁금해하는 당신에게 관심이 생기기 시작한다.

2_ 나에게 보탬이 되는 사람

상대가 적극적으로 당신에게 다가오게 하려면 당신이 상대에게 '왠지 호감이 가는 사람'을 넘어선 존재가 되어야 한다.

상대에게 어떤 보탬을 줄 수 있는지 생각해 보자. 당신이 가진 장점이나 특기는 무조건 상대에게 도움이 될까? 그렇지 않다. 상대에게는 필요도 없는 장점을 줄줄 늘어놓으면 귀찮기만 하다. 같이 일을 할 카메라맨을 찾는 사람 앞에서 '수학 올림피아드에서 상을 탄 영재'라는 점만 강조하면 난감할 뿐이다.

서로에게 도움을 줄 때도 수요와 공급이 맞아야 한다. 상대가 원하는 도움이 무엇인지를 모르면 보탬이 될 수 없다. 따라서 다시 한번 강조하지만 상대에게 관심을 가지는 일이 우선이다.

물론 웃으며 맞장구치고 칭찬만 늘어놓아도 어느 정도 상대를 기쁘게 할 수 있다. 하지만 상대의 중요한 부분을 채워주면 일부러 웃거나 칭찬하지 않아도 당신에게는 그만한 가치가 생기고, 자연스럽게 친밀한 관계를 형성할 수 있다.

3_ 내가 싫어하는 일을 하지 않는 사람

좋은 점이 아무리 많아도 내가 싫어하는 일을 하는 사람은 결코 좋아할 수 없다.

인간관계는 가점 방식으로 점수를 쌓아간다. 사람들의 좋은 점을 하나둘씩 찾아가며 멋진 사람들 사이에 둘러싸여 있으면 자기 자신도 점점 좋아진다. 하지만 감점 요인이 있으면 레드카드로 직결되어 가차 없이 퇴장당할 수 있다는 사실에 주의하자.

지금까지 살펴본 친해지고 싶은 사람의 유형에서 알 수 있듯이 타인과의 관계에서 가장 필요한 요소는 '관심'이다.

가벼운 이야기로 대화를 이어가는 요령을 가르쳐주는 책은 많지만, 애당초 가벼운 대화는 누구와 나누어도 상관없고, 해도 그만 안 해도 그만인 하나 마나 한 이야기다. 그렇다면 굳이 나눌 필요 없지 않을까?

아직 궁금한 점이 많은데 다시 만날 수 없을지도 모르는 사람, 미지의 존재로서 가능성이 넘치는 사람이 눈앞에 있는데 왜 하나 마나 한 대화로 소중한 시간을 낭비하는가.

상대가 세상을 어떻게 보고 무엇을 느끼며, 어떤 의미를 담고 말하는지에 관심을 가지면 질문과 대화는 자연스럽게 이어지기 마련이다. 관심을 발판 삼아 서로를 아끼고 사랑하는 관계로 나아가보자.

상대에게 → "실망하실 수도 있지만, ○○ 씨라면 이해하실 테니까 말씀드릴게요."

조금 껄끄러운 말을 전해야 할 때는 무엇보다 상대에 관한 생각(관심)과 신뢰도(호감)가 중요하다. 먼저 "실망하실 수도 있지만"이라는 말로 상대가 어떻게 생각할지 이미 알고 있으며 그 마음을 충분히 이해한다는 뜻을 전해 상대를 향한 관심을 표현한다. 그 뒤에 상대와 더 가까워지고 싶어서 진심을 말한다는 뉘앙스로 "당신이라면 이해하실 테니까 말씀드릴게요"라는 말을 붙여 호감과 신뢰를 보여준다.

그러면 상대는 서로를 이해하는 일이 중요하기 때문에 다소 위험 요인이 있더라도 자신의 단점을 먼저 밝히는 당신의 솔직함에 호감을 느끼게 된다.

예를 들어 당신이 먼저 "실망하실 수도 있지만, ○○ 씨라면 이해하실 테니까 말씀드릴게요. 저는 사람이 많은 곳이 좀 불편해요. 파티에 참석하겠지만 조금 일찍 돌아갈지도 모르겠습니다. 죄송합니다"라고 솔직히 말하면 "솔직히 저도 편하지는 않아요"라거나 "괜찮습니다", "와주신 것만으로도 감사해요"라는 답이 돌아올 것이다.

단점을 스스로 먼저 밝히면 오히려 더 가까운 사이가 될 수 있다.

나에게 → "다른 사람에게 관심이 없는 건 내가 재미없는 사람이기 때문이야."

애당초 다른 사람에게 별로 관심이 없는 사람도 있다.

하지만 타인에게 관심이 생기지 않는 가장 큰 이유는 상대에게 관심이 갈 만한 요소가 없기 때문이 아니라 '당신이 재미없는 사람'이기 때문이다.

평소 사람이나 현상에 관해 지적 호기심을 느끼고 상대의 전문 분야에 관한 지식이 조금이라도 있었다면 상대의 이야기가 흥미롭게 들리지 않았을까? 당신이 재미없는 사람인 이유는 당신 자체가 호기심이 없고 가진 지식의 깊이가 얕아서 어떤 현상에도 흥미를 느끼지 못하는 무미건조한 사람이기 때문이다.

오래 알아 온 사람은 아니지만 업무상 만난 사람이라면 어떨까? 일을 성공적으로 마치려면 원활한 소통이 중요하다. 서로를 이해해야만 하는 상황이니 그런 의미에서라도 관심이 생길 수밖에 없다. 상대가 과묵한 성격이라 말수가 적어도 상관없다. '저 사람은 왜 저렇게 말이 없을까? 자라면서 그런 성격이 된 걸까, 아니면 나와의 관계가 불편할걸까?' 이런 생각을 하다 보면 오히려 더 관심이 생긴다.

사람은 원래 다른 사람에게 관심이 없을 수가 없다. 만약 그렇게 생각했다면 이제 생각을 바꿔보자. 세상은 혼자 살 수 없고 항상 누군가와 얽힐 수밖에 없다. 그러니 즐겁고 편안하게 살려면 우선 사람들의 배경과 생태를 알아야 한다. 표본은 많으면 많을수록 좋다. 인류는 모두 당신의 관심 대상이 될 수 있다.

● ●

반짝반짝 빛나는 눈은 최강의 무기

지금까지 사람에게 관심을 가져야 한다고 열심히 이야기해 놓고 무슨 말인지 싶겠지만, 사실 살다 보면 별 관심 없는 사람이 하는 들으나 마나 한 이야기를 즐겁게 들어야 할 때도 있다. 솔직히 말해서 나도 관심 포인트를 찾지 못해 지루한 나머지 차라리 기절이라도 하고 싶을 때가 있다.

하지만 너무 걱정할 필요는 없다. 관심이 없을 때도 진심으로 관심이 있는 것처럼 보이는 방법이 있다.

흥미진진하게 들어야 하는 상황에서 도저히 관심이 생기지 않을 때 활용할 수 있는 숨은 기술이다.

어렵지는 않다. 사고의 각도를 살짝 틀어서 열심히 딴생각을 하면 된다.

일단 가만히 상대의 눈동자에 비치는 자신을 들여다본다. 상대는 왜 이 이야기가 재미있다고 생각하는지, 상대가 보이는 열의나 인간성에 집중하며 내용에 신경 쓰지 말고 흥미진진하게 빠져들 포인트를 찾아보자.

귀여운 반려견이 배가 고파 눈을 반짝반짝 빛내며 쳐다보면 저도 모르게 꽉 안아주고 싶다. 사실 개는 오로지 밥에만 관심이 쏠려 있을 뿐 당신에게는 눈곱만큼도 관심이 없겠지만, 눈동자나 행동을 보면 진심으로 당신만을 생각하는 것처럼 느껴진다.

무슨 일이든 최선을 다해 임하다 보면 지칠 때가 있다.

그럴 때는 일단 적당히 힘을 빼보자. 당신의 관심사를 최우선으로 두고 당신의 기분과 맡은 역할, 진실, 상대에게 보이는 모습에 관한 최적의 상태를 찾아야 한다. 때로는 '성실하게 불성실해야' 행복해질 수 있다.

상대에게 → "⋯⋯." (침묵으로 진지한 분위기를 자아낸다)

당신이 리액션도 잊어버리고 진지하게 상대의 말에 빠져들어 있으면 그 마음은 상대에게도 전해진다. 그 순간 당신이 보였던 표정과 눈빛, 감각을 기억해 두자.

기회가 있으면 거울을 보고 연습하거나 영상으로 찍어서 확인하고,

만약 생각보다 지나치게 멍한 표정이라면 조금 더 진지한 표정을 지을 수 있도록 연습하자.

나에게 → "마음이 설렐 심쿵 포인트를 찾아!"

자신의 마음을 설레게 할 보편적인 심쿵 포인트가 필요하다.

내 경우는 사람들이 입은 옷이 심쿵 포인트였다. 나는 어릴 적부터 사람들이 입은 옷을 보면 '설레는 마음으로 잘 어울렸으면 좋겠다고 생각하면서 직접 골랐거나 누군가가 골라준 옷이겠지?'라는 생각이 들었다. 그러면 저절로 사랑스럽게 보이고 관심이 생겼다.

대화의 내용에 흥미를 느낀다면 더할 나위 없이 좋겠지만, 그렇지 않아도 괜찮다. 어느 부분이든 상관없다. 당신의 흥미와 관심을 당겨 '심쿵'하게 만들 포인트를 찾아보자.

상대의 본질과 인생에 집중하라

말 한마디 한마디가 가진 깊이가 어느 정도라고 생각하는가?

누군가의 옆에 함께 있으려면 단순히 상대의 기분을 살펴서 맞춰주고 공감하는 것만으로는 부족하다. 진정으로 한 사람과 가까워지려면 상대의 인생 전체를 생각해야 한다. 무엇을 느끼고 어떤 인생을 살았으며 지금의 모습이 되기까지 어떤 일이 있었는지, 그 모든 과정에 관심을 가져야 한다.

상대가 하는 말이나 표현을 사전적인 의미로만 받아들이지 말고 그 말에 담긴 진짜 의미를 생각해야 한다. 진짜 의미는 말 자체보다는 그 말을 하게 된 배경에 담겨있을 때가 많다.

과거 피카소는 레스토랑에서 우연히 만난 여성 팬에게 값을 치를 테니 지금 여기서 그림을 그려달라는 요청을 받은 적이 있다. 당시 피카소는 여성이 내민 냅킨에 30초 만에 그림을 그리고는 그림값으로 100만 달러를 요구했다. 여성은 30초 만에 그린 그림에 100만 달러는 너무 과하다며 놀랐지만, 피카소는 그녀에게 이렇게 말했다. "30초가 아닙니다. 40년 30초가 걸린 그림입니다."

피카소가 냅킨에 그린 그림을 완성할 때까지 걸린 시간이 40년 30초인 것처럼 고작 한마디 말이라도 그 안에는 상대가 살아온 수십 년의 인생이 담겨있다. 그런 의미에서 당신이 진짜 읽어 내야 할 메시지가 무엇인지 생각해 보자.

말의 깊이와 배경을 이해하면 상대의 세계관에 조금 더 가까이 다가갈 수 있다.

상대에게 → "왜 ㅇㅇ를 중요하게 생각하시나요?"

사람은 자신에게 중요한 것을 자신과 똑같이 중요하게 생각하는 사람에게 호감을 느낀다. 중요하다는 말은 그 사람의 삶에서 의미가 있는 부분이라는 뜻이고, 그 부분을 공유할 수 있는 사람에게 친밀감을 느끼는 심리는 어찌 보면 당연하다.

그러니 상대가 중요하게 생각하는 것이 무엇인지 알아냈다면 그 이유를 물어보자.

같은 부분을 중요하게 생각하는 사람은 많겠지만, 왜 중요하게 생각하는지, 그렇게 생각하게 된 계기가 무엇인지는 사람마다 다르다. 따라서 상대의 관점에서 상대가 중요하게 생각하는 부분을 바라봐야 한다.

나에게 → "이 순간은 어떤 변화의 계기로 삼을까?"

눈앞에 있는 사람과 인연을 맺게 된 순간을 통해서 당신은 어떻게 변하고 싶은가?

인생의 전환점이 된 사건들을 연대순으로 기록한 표를 인생 연표라고 한다. 하지만 실제로는 모든 순간이 인생의 전환점이 될 수 있다.

어떤 행동을 하든 이 행동을 계기로 앞으로 달라지겠다는 마음가짐으로 임하면 모든 순간이 변화의 계기가 될 수 있다. 나는 예전에 '1일 1변화'를 목표로 내걸고 365일 매일 변화의 계기를 만들려고 노력했던 적이 있다. 계기는 무엇이든 상관없고 작은 변화라도 괜찮다.

지금 이 순간을 변화의 계기로 인식하면 당신은 모든 순간 멋진 이야기 속 주인공으로 살 수 있고, 그 순간을 같이 하는 상대는 계기를 만들어 주는 소중한 존재가 된다.

● ◐

세 가지 시점에서 질문하라

상대를 이해하려면 앞서 설명했듯이 과거, 현재, 미래의 시점을 가져야 한다. 과거는 현재와 이어지고 미래를 위한 발판이 된다.

기본적으로 파악해야 할 부분은 '왜', '언제', '어디서', '누구와', '무엇을', '어떻게' 했는지다.

현재의 시점에서는 '평소 생활과 현재 하는 일'을 묻고, 과거의 시점으로는 '계기와 경험'에 관해 질문한다. 또한 미래의 시점에 서서 '목표와 동기'가 무엇인지 묻는다.

예를 들어 성공한 사람과 대화를 나눈다면 '효과적인 요령'과 '남다른 성공 비결', '중요하게 생각하는 포인트'를 묻고 자신에게 맞춰 활용한다.

현재의 모습은 과거, 그리고 미래와 이어져 있다. 지금까지 상대가 살아온 수십 년의 세월 속에는 현재의 모습이 만들어진 이유와 사고의 형성 과정, 세계관, 삶과 죽음에 관한 경험, 관점, 감각을 비롯해 당신이 상상할 수 없는 무언가가 존재할 것이다. 당신의 고정관념에 맞춰진 필터만 제거하면 상대에게 궁금한 점은 끝도 없이 생겨난다.

사람은 자신에게 관심을 보이는 사람에게 호감을 느낀다. 만약 상대가 "그게 왜 궁금하죠?", "궁금한 게 많은가 봐요. 당신도 경험이 있나요?"라고 물었다면 상대도 당신에게 관심이 생겼다는 증거다.

상대에게 → "계기가 뭐였나요?" (과거), "왜 그 일을 하시나요?" (현재), "목표가 있으신가요?" (미래)

상대가 하는 행동에 관해 과거와 현재, 미래의 시점에서 질문을 던져보자. 꼭 시간 순서대로 질문할 필요는 없다. 대화의 흐름에 맞춰 자연스럽게 물어보면 된다.

가치관은 행동 자체보다는 그 행동을 하는 이유에 숨어있을 때가 많다.

따라서 상대를 만나기 전에 최소한 프로필과 실적, 인터넷에 공개된 정보는 미리 확인해야 한다. 또한 개인적으로 대화를 나눌 기회가 생긴다면 사람들 앞에서는 묻지 못했던 이야기나 상대가 밝히지 않았던 생각에 관해 물어보자. 직접 들으면 상대의 에너지가 전해져 감각적으로 알게 되는 부분도 있다.

대화는 교향곡이다. 완벽한 조화가 이루어져야 아름다운 음악이 완성되듯이 함께 대화를 나누는 상대가 당신이기에 빚어지는 이야기가 있다. 상대와 자연스럽게 의견과 정보를 공유할 수 있는 사이가 되어야 한다. 하지만 안타깝게도 아무리 노력해도 상대가 받아주지 않을 때도 있다. 그럴 때는 이렇게 다짐해 보자.

나에게 → "나처럼 살면 나처럼 되고, 저 사람처럼 살면 저 사람처럼 되는 것뿐이야!"

'정말 속을 모르겠다.' '저 사람은 왜 저럴까?' 누군가를 보고 답답하고 한심하다는 생각이 든다면 상대가 지금 왜 그런 모습이 되었는지, 그 사정이나 배경에 관심을 가져보자.

만약 당신과 똑같은 인생을 살았다면 상대도 당신과 똑같이 생각했을 수도 있다.

부당한 일을 보고 부당하다고 생각하는 감각, 옳지 않은 일을 해서는 안 된다는 신념을 가질 수 있다는 것 자체가 당신에게 주어진 행운일 수도 있다. 가치관의 차이는 경험과 감각을 통해 만들어진다. 당신이 사람을 소중하게 여길 수 있는 이유는 누군가의 소중한 존재가 되었을 때 느끼는 기쁨과 그렇지 않았을 때 느끼는 슬픔을 경험했기 때문이고, 누군가가 슬퍼하는 모습을 보면 같이 슬퍼진다는 사실을 감정적으로 이미 알고 있기 때문이다.

지금의 당신은 환경과 경험, 타고난 천성, 감각이 모여 만들어진 집합체다. 물론 노력도 영향을 미치지만, 도덕심이나 가치관의 형성에는 환경적 요인이 미치는 영향이 크기 때문에 다른 환경에서 자라면 다를 수밖에 없다. 이런 관점에서 바라보아야 타인을 더 깊이 이해할 수 있고 공유할 수 있는 감정도 많아진다.

상대의 눈으로 함께 세상을 바라보라

살다 보면 상대의 마음을 몰라서 답답할 때가 많다. 이럴 때는 우선 상대의 태도나 표정, 생각을 자신의 잣대로 판단하면 안 된다는 말부터 상기시키자. 상대의 관점으로 함께 세상을 바라봐야 한다.

당신이 상대를 얼마나 깊이 생각하는지 상대는 모른다. 그래서 당신의 조언은 때로 쓸데없는 참견으로 들리기도 한다. 감사하는 마음이나 존경심을 바랐다면 당장 그런 생각부터 지우자. 상대에게 마음이 쓰여서 조언하고 싶었다면 상관없지만, 굳이 그럴 필요가 없다면 조금 잘못된 점이 보여도 그냥 내버려 두자. 당신이 상대를 배려하는 이유는 어디까지나 당신의 미래를 위해 다양한 관점을 확보하기 위해서다. 서로의 관점 차이를 인식하고 상대의 마음과 생각, 감정을 예측해서 더 적절한 방식으로 당신의 의견을 전하기 위한 연습을 하고 있을 뿐이다. 결국 모두 자기 자신을 위한 일이라는 사실을 잊지 말자.

상대에게 → "제 생각은 이렇습니다만, 비슷한가요?"

상대가 머릿속에 그린 이미지를 그대로 볼 수 있는 방법은 없다. 그래서 이해하기 어렵지만 어쩔 수 없이 상대의 관점과 세계관에 가까이 다가가야 할 때는 이 표현을 활용할 수 있다.

영업직 연수 프로그램에 참여하면 '스무고개' 게임을 할 때가 있다. 20개의 질문을 해서 상대가 생각한 단어를 알아맞히는 게임이다. 예를 들어 상대가 '멜론'을 떠올렸다면 "만질 수 있나요?" → "네. 만질 수 있습니다", "먹을 수 있나요?" → "네. 먹을 수 있습니다", "식재료인가요, 요리인가요?" → "식재료입니다"라는 식으로 질문과 대답을 거듭하며 정답을 찾는다.

사실 대화란 스무고개처럼 질문을 거듭하며 서로가 생각한 이미지를 맞추는 놀이와 크게 다르지 않다.

감정은 말로 설명하기보다는 상대도 감각적으로 느껴야 이해하기 쉽다.

간단한 일이라고 들었는데 막상 설명을 들어보니 꽤 어려울 것 같았다고 하자. 이때는 "어려울 것 같은데 생각보다 쉬운 일일까요?"라고 묻기보다는 "익숙해지면 쉬운 일일까요? 아니면 센스의 차이일까요?

요리할 때도 처음에는 레시피를 꼼꼼히 보면서 조미료 하나도 숟가락으로 재서 넣거나 무게를 달아서 넣지만, 익숙해지면 눈대중으로 대충 넣잖아요. 그런 것과 비슷할까요?"라고 물으면 상대도 당신이 어떻게 느꼈는지 감각적으로 이해할 수 있다. 그다음 돌아오는 대답을 통해서 당신도 상대의 의도를 조금씩 파악하면 된다.

예를 들거나 상대가 잘 아는 분야로 바꿔서 말하는 방법도 있다. 어려운 말로 설명하며 이해해 보려고 고생하지 말고, 재미있는 일화나 이야기를 통해서 상대도 감각적으로 느낄 수 있는 표현을 생각해 보자.

나에게 → "내 생각은 다르지만 그렇게 생각하는 사람의 마음도 이해하자."

상대가 한 말 뒤에 숨어있는 배경과 의도, 사고 과정을 생각해 보자.

자신의 고정관념 필터를 제거하기는 쉽지 않지만, 상대의 감정을 이해하려면 반드시 자기 필터부터 제거해야 생각의 폭을 넓힐 수 있다. 마음을 울리고 가슴에 와닿는 말하기, 상대에게 한 걸음 더 다가갈 수 있는 듣기를 실현하고 싶다면 타인의 사고회로와 감각, 마음을 이해하는 노력이 필요하다.

● ●

당신은 기쁘게, 상대는 빛나게 하는 한마디

사람을 별 볼 일 없는 사람, 중요하지 않은 사람으로 치부해 버리는 일은 간단하다.

하지만 여러 번 언급했듯이 진짜 별 볼 일 없는 사람은 상대가 아니라 당신이다. 당신이 유익한 이야기를 끌어내지 못한 탓이다. 아니면 엉뚱한 리액션이나 오해할 만한 리액션을 했을 수도 있고, 질문이 명확하지 못했을 수도 있다. 어느 쪽이든 원인은 당신의 실력 부족에 있다.

만약 상대의 이야기가 재미없어서 도저히 참기 힘들다면 이때는 당신이 대화의 주도권을 가져오면 된다. 상대가 당신의 이야기를 듣고 싶다고 생각하면 당신이 혼자 떠들어도 거부감을 느끼지 않는다. 청자의 역할이든 화자의 역할이든 실력만 있으면 당신이 상대를 빛나게 할 수 있다.

당신이 상대를 포기해야 할 때는 상대가 당신을 포기했을 때뿐이다. 상대를 '별 볼 일 없는 사람'이라고 먼저 포기하면 당신의 무능력을 인정하는 것이나 마찬가지다.

실패해도 괜찮다. 설령 적절치 못한 질문을 해서 상대가 경계심을 품더라도, 일방적으로 떠드는 실수를 했더라도, 이는 모두 앞으로 다른 누군가와 최고의 시간을 보내기 위해 지금 겪어야 할 필수 경험일 뿐이다. 당신이 상대를 빛낼 수 있을 때까지 포기하지 말자.

상대에게 → "좋은 분 같아서 더 알고 싶었어요."

상대에게 이것저것 질문을 던지다 보면 가끔 상대가 "왜 그렇게 꼬치꼬치 물어보세요? 사실 관심 없지 않아요?"라고 물을 때가 있다. 이때 솔직히 크게 관심은 없지만 흥미로운 이야기가 나오지 않을까 싶어서 질문했거나, 그냥 질문하기 자체에 힘을 쏟고 있었더라도 솔직히 말해선 안 된다. 이때는 "좋은 분 같아서요"라고 해보자.

정말 싫은 사람에게는 굳이 말할 필요 없지만, 이런 말을 들으면 사람들은 대부분 웃으며 좋아한다.

나에게 → "지금 이 순간은 내 힘으로 바꿀 수 있어."

대화든 강연이든 질문과 지적, 리액션이 성공을 좌우한다. 따라서 청자와 화자가 함께 만들어 가야 한다. 청자인 당신의 멋진 리액션이 화자가 할 수 있는 최고의 연설을 만들어 낼지도 모른다.

시간은 금이다. 모든 순간을 '최고'였다고 기억할 수 있는 시간으로 만들어 보자.

Part 5

업무 성과와
단계를
끌어올리는
말하기 비법

가까운 사이일수록 정중하게

몇십 년을 함께 일하며 이심전심으로 통하는 사이가 되면 좋겠지만, 사실 사람은 바로 옆자리에 앉아서 같은 방향을 보고 있어도 다른 것을 볼 때가 많은 법이다.

그래서 서로의 생각을 확인하고 자신의 생각을 초등학생도 이해할 수 있는 수준으로 하나하나 신중하게 상대에게 전해야 한다.

혹시 처음 일을 시작했을 때 무심코 자기 생각대로 일을 처리했다가 문제를 일으켰던 적이 있지 않은가?

앞으로도 지금처럼 잘 부탁한다는 말을 듣고 서로 이해했다고 생각했는데 어느 순간 전혀 생각이 전해지지 않았다는 사실을 깨닫고 놀랐던 경험은 비단 당신에게만 있지 않다.

물론 말하지 않아도 서로가 하고 싶은 말을 알 수 있다면 그보다 좋은 일은 없다.

하지만 기왕 말이라는 좋은 수단을 가졌으니 대화를 통해 서로를 이해하며 살아가는 편이 좋지 않을까?

말을 하든 이야기를 듣든, 일을 하든 개인적인 생활을 보내든, 좋은 결과를 내는 사람은 항상 똑 부러지는 모습을 보인다.

- 모르는 채로 넘어가지 않는다.
- 무조건적인 배려는 하지 않는다.
- 상대를 위해 자기 생각을 명확하게 밝힌다.

따라서 그들은 망설이지 않고 지치지도 않는다. 결과적으로 편안한 인생을 보낸다.

당연한 말이겠지만 그들처럼 살기 위해서는 상당히 어려운 기술이 필요하다.

5장에서는 적당히 타협하고 얼버무리다가 결과를 내지 못하는 일을 방지하고, 꾸준히 성과를 올려 나와 주변 사람들 모두가 빛나는 풍요로운 인생을 누리기 위한 비법을 살펴보자.

● ● ●

일은 인생을 더욱 알차게 만들어 준다

당신은 일을 좋아하는가? '일'이란 무엇인가를 논하면 '어쩔 수 없이 해야 하는 것. 특히 직업이나 업무'와 같이 주로 그다지 기분 좋지 않은 말들이 이어진다.

하지만 일이란 기분 나쁜 존재가 아니다. 일을 하고 돈을 버는 행위는 우리의 인생을 더욱 빛나게 만들어 주는 고마운 존재다.

일이 인생을 빛낼 수 있는 이유
- 돈을 벌면 인생의 선택지가 넓어진다.
- 사회나 사람과 이어지는 최고의 접점을 만들어 준다.
- 세상의 발전에 이바지할 수 있다.

1_ 돈을 벌면 인생의 선택지가 넓어진다

꿈꾸던 미래를 실현하고 스트레스에서 벗어나기 위한 다양한 선택을 하려면 일단은 돈이 필요하다. 사람들과 관계를 형성하는 일은 즐겁지만, 멋진 사람들과 끊임없이 만날 수 있는 자유는 돈에서 나온다는 사실을 간과할 수 없다. 러시아의 작가 도스토옙스키가 "돈은 주조된 자유"라고 말했듯이 돈이 있어야 원하는 물건을 살 수 있고, 원하는 상대를 만날 수 있으며, 원하는 장소에 원하는 시간에 갈 수 있다. 즉, 우리는 일을 해서 번 돈으로 '인생의 자유'를 살 수 있다.

2_ 사회나 사람과 이어지는 최고의 접점을 만들어 준다

나는 늘 사회와 친밀한 관계를 유지해야 한다고 강조한다. 일은 자신의 성장은 물론 우리가 사는 사회와 세상이 얼마나 즐거운 곳인지 느끼며 공감할 수 있게 해주는 매개, 즉 라포(rapport, 친밀 관계)를 형성할 수 있게 해주는 매력적인 접점이다.

3_ 세상의 발전에 이바지할 수 있다

우리는 일을 통해서 누군가에게 감사하다는 말을 듣고, 돈을 벌어 소비하고 경제가 돌아가게 한다. 당신이 일을 통해 하는 모든 행위가 세상의 발전에 이바지하고 있다는 증거가 된다.

일은 당신의 인생을 더욱 즐겁게 만들어 주는 멋진 조력자라는 사실을 잊지 말자.

● ●

잘못하지 않아도 예상은 어긋난다

우리가 일을 하는 이유는 인생을 더욱 즐겁게 살기 위해서다. 하지만 말이 그렇지 막상 일을 하면서 스트레스를 받지 않는 사람은 없다. 친절한 상사와 열정 넘치는 부하, 잘 통하는 동료와 함께해도 일은 늘 예상을 벗어나 사람을 짜증나게 하고, 도무지 이해할 수 없는 일들이 하루가 멀다고 일어난다.

사실 업무 중에 발생하는 문제는 대부분 인간이 저지르는 과오, 즉 인간 오류(human error)이자 소통의 오류다.

기계나 인공지능(AI)은 지시한 대로 움직인다. 따라서 적절한 지시를 내리면 원하는 결과를 얻을 수 있다. '심술 좀 부려볼까?', '요즘 콧대가 하늘을 찌르니까 방해해야지', '내 일도 아닌데 내가 왜 해!'라는 반항은 절대 하지 않는다.

하지만 사람은 무의식적으로 비협조적인 생각을 한다. 게으름도 피우고 싶고 잘난 척하는 사람을 보면 따끔하게 한마디 해주고도 싶다. 또한 특정 현상을 스스로 얼마나 이해했는지에 대한 인식은 상대가 얼마나 정확히 대답하는지, 자신감은 있는지와는 상관없이 사람마다 다르다.

딱히 영업이나 서비스업에 종사하는 사람이 아니더라도 우리는 항상 다른 사람과 함께 일을 한다. 그리고 그 과정에서 예측불허의 일들을 맞닥뜨리게 된다. 왜 그럴까? 타인과 함께 일을 하려면 다음 세 가지 전제 조건이 필요하고, 그에 따라 결과가 달라질 확률이 매우 높기 때문이다.

서로 이해하고 즐겁게 일하기 위해 지켜야 할 조건
- 서로의 마음을 헤아리고 배려해야 한다.
- 서로가 가진 고정관념에서 벗어나 열린 마음으로 듣고, 말해야 한다.
- 서로의 이해 수준을 파악하려면 화제에 관해 상대보다 더 깊이 이해해야 한다.

1_ 서로의 마음을 헤아리고 배려해야 한다

사람의 생각이란 자기 기준에서는 정답일지라도 다른 사람의 눈에는 이해할 수 없는 일일 때가 많다. 따라서 마음 편하게 일하고 싶다면 사소한 표현에도 주의를 기울여야 한다.

- 당신의 말은 적극적으로 따라야 한다는 인식을 심어준다.
- 자기 사정만 생각하는 사람으로 낙인찍히지 않도록 항상 주의한다.
- 강압적으로 느껴지지 않게 잘못을 지적하고 적절한 방향을 지시한다.
- 합리적이고 정중한 느낌으로 방향을 제시한다.

이것저것 신경 써야 할 사항이 많다 보니 귀찮다고 느낄 수도 있다. 하지만 소통을 통해 서로를 더 깊이 이해하고, 힘을 모아 결과를 내야 한다는 마음이 생기면 일을 통해 진정한 유대감과 보람, 기쁨을 얻을 수 있다.

2_ 서로가 가진 고정관념에서 벗어나 열린 마음으로 듣고, 말해야 한다.

사람은 항상 자기 고정관념에 근거해서 추측하고 판단해서 행동한다. 자신은 고정관념이 없다고 말하는 사람도 있지만, 그런 사람은 없다. 그저 자신의 고정관념을 깨닫지 못했을 뿐이다.

당신은 지금 무엇을 하고 있는가?

물론 책을 읽고 있을 것이다. 하지만 같은 행동을 하고 있어도 사람에 따라서 해석은 가지각색이다. 책을 읽는다고 대답하는 사람이 있는가 하면, 휴식 중이라고 대답하는 사람도 있고, 공부하고 있다고 대답할 수도, 도움이 될 부분을 참고하는 중이라고 대답할 수도 있다.

다른 예로 만약 누군가 이 책을 읽으라고 지시하면 모두 나름대로 '읽는 행위'를 할 것이다. 하지만 그 후에 지시한 사람이 갑자기 '왜 읽은 내용을 전혀 기억하지 못하느냐고 지적하면 '기억하라는 지시는 하지 않았다'라는 생각에 억울할 수도 있다.

사람은 저마다 중점을 두는 곳이 조금씩 다르다. 따라서 특히 업무 중에 하는 소통에서는 상대가 '고정관념을 가지고 말하고, 고정관념을 가지고 받아들인다'라는 점을 전제로 대화를 진행해야 한다는 점을 명심하자.

3_ 서로의 이해 수준을 파악하려면 화제에 관해 상대보다 더 깊이 이해해야 한다

고정관념과 비슷한 개념이기는 하지만, 일을 할 때는 '이해 수준'을 공유하는 것도 중요하다.

여러 번 설명해도 상대가 이해하지 못하는 경우가 생각보다 많다.

미리 시간이 걸린다고 말했더라도 결과가 빨리 나오지 않으면 상사나 클라이언트는 불만을 느끼고, 자신이라면 바로 결과가 나왔을 거라고 당당하게 말하는 사람도 있다. 이때는 어째서 결과가 바로 나오지 않는지에 관해 안건에 필요한 다양한 요소와 절차, 순서, 각각의 공정에 걸리는 시간을 하나하나 설명해서 상대를 이해시켜야 한다.

상대의 이해 수준을 정확하게 파악하지 못하면 말이 통하지 않는다. 따라서 상대가 이해하지 못했다는 사실을 깨닫는 것부터가 이해의 시작이다. 또한 상대의 이해 수준을 파악하려면 당신이 먼저 화제에 관해 깊이 이해하고 있어야 한다.

상대에게 → "지금까지 이해하셨나요? 조금이라도 궁금한 점이 있으면 말씀해 주세요. 저도 궁금하거든요."

때로는 상대가 이해했는지를 확인하는 일이 실례가 되지 않을지 걱정되기도 한다. 보통 이런 질문은 상대의 말이 이해하기 어렵거나 상대가 이해하지 못한 것 같아서 확인이 필요하다고 생각할 때 하기 때문이다. 그래서인지 "이해되지 않는 부분은 없으신가요?"라고 물으면 대답이 돌아오는 일이 거의 없다.

하지만 확인하지 않아서 발생하는 문제에 비하면 확인으로 인해 느끼는 일시적인 불쾌감은 대수롭지 않다. 실례라는 생각에 "자꾸 확인해서 죄송합니다"라거나 "제 설명이 깔끔하지 못해서 죄송합니다"라는 식으로 자신을 지나치게 낮출 필요는 없다. 그래도 마음에 걸린다면 대신 "저도 알고 싶어서요"라는 긍정적인 말을 붙여보자.

그 밖에도 "되도록 이해하기 쉽게 말씀드리고 싶어서요", "제 눈에는 다 이해하신 것처럼 보여서요", "질문을 받으면 더 좋은 제안이 생각나기도 하거든요"와 같이 질문의 긍정적인 효과를 강조하는 표현을 붙이는 것이 좋다.

나에게 → "기본적으로 상대의 이야기를 듣지 않는 건 나나 상대나 마찬가지야."

가끔 "맞아, 나도 알지"라고 대답했지만, 막상 "뭘 아는데?"라고 물으면 순간 무슨 말이었는지 떠오르지 않을 때가 있다.

사람은 기본적으로 남의 이야기에 열심히 귀 기울이지 않는다. 열심히 듣고 있는 것처럼 보여도, 또는 열심히 들을 생각이었어도 말은 한 귀로 들어와 한 귀로 흘러 나간다. 사람은 기본적으로 남의 이야기를 듣지 않는다고 해도 틀린 말이 아닐 정도다. 다만 여기서 핵심은 상대가 듣지 않는다는 부분이 아니라 자신도 듣지 않는다는 부분이다.

그리고 이야기를 듣지 않았다는 사실 자체보다 이해하지 못한 상태로 이해했다고 착각하는 일이 더 문제다. 따라서 자신이 제대로 들었다는 전제로 생각하지 말고 '제대로 듣지 못했으니 어쩔 수 없다. 상대를 이해해야 하니 다시 물어보자'라는 생각으로 편하게 질문해야 한다.

● ●

상대는 아무것도 모른다

일본의 건국 신화에 등장하는 3종 신기(태양신 아마테라스가 손자 니니기 미코토에게 주어 땅으로 내려보냈다는 세 가지 보물, 거울, 칼, 구슬-역주)처럼 일본인들은 '아훔의 호흡(阿吽の呼吸)'도 신이 하사한 인간의 능력 중 하나라고 생각한다. 아훔의 호흡은 만물의 시작과 끝을 상징하는 불교 용어로, 말로 표현하지 않은 미묘한 뉘앙스를 공유하며 자연스럽게 호흡을 맞추는 능력을 말한다. 누구에게나 호흡이 잘 맞아서 '찰떡궁합'이라고 생각하는 사람이 있다. 그런데 과연 상대의 생각이 정말 당신과 같을까?

모두가 모인 자리에서 "좋습니다. 그렇게 하죠"라는 말을 듣고 고개를 끄덕였지만, 나중에 '그렇게'가 도대체 '어떻게'인지 모호해서 고개를 갸웃했던 경험이 한 번쯤은 있을 것이다. 나 역시 일을 하면서 나와 상대가 생각하는 '그렇게'의 해석 차이 때문에 당혹스러웠던 적이 한두 번이 아니다. 한때는 호흡이 참 잘 맞는다고 생각했는데 어느 순간 어긋난 부분이 드러나면 그제야 도대체 어디서부터 어긋나기 시작했는지 혼란스러워진다.

그러니 처음부터 나와 상대는 서로를 이해하지 못한다는 전제를 바탕에 두고 생각해야 한다.

상대와 눈빛만 봐도 통할 필요는 없다. 우리에게는 서로의 생각을 이해하는 일에 활용할 수 있는 뛰어난 도구인 '말'이 있지 않은가. 대화를 통해 얼마든지 서로를 이해할 수 있다.

처음부터 상대는 아무것도 모른다는 생각으로 이야기하면 상대가 알아서 자기에게 필요 없는 부분은 흘려듣거나 건너뛰어 듣는다. 그러니 정보를 전달할 때는 항상 나도 상대도 아무것도 모른다는 생각으로 소통하자.

상대에게 → "이해가 잘 안되는데요. 전제부터 다시 말해주실 수 있을까요?"

겉으로 보기에는 호흡이 잘 맞아 대화가 순조롭게 진행되고 있는 듯한데 어딘지 묘하게 이해가 되지 않는다는 느낌이 들면 망설이지 말고 목소리를 높이자. 사람들은 대부분 무슨 말을 하고 싶어서 지금의 서론을 꺼내는지 명확히 밝히지 않은 상태로 말을 시작한다. 그래서 나중에 지나가고 나서야 중요한 부분이 어디였는지 깨닫고 곤란해할 때가 많다.

상대의 이야기에 깔린 '전제'는 착각하기 쉽다. 전제부터 어긋나면 중요하다고 생각하는 부분과 메모해야 할 포인트를 놓치고, 아무리 열심히 이야기를 들어도 상대의 의도가 이해되지 않는다. 결국 서로가 손해만 볼 뿐이다.

상대에게 이런 말을 해도 될지 망설여지겠지만 쓸모없는 대화나 나중에 벌어질 문제를 막으려면 먼저 전제부터 확실하게 짚고 넘어가야 한다.

나에게 → 지나치다 싶을 때는 일단 화를 누르고 "지금 그 말씀은 무슨 뜻인가요?"

일을 하다 보면 가끔 상대에게 어처구니없이 무례한 말을 듣기도 한다. 하지만 대부분은 상대도 일부러 악의를 가지고 한 말이 아니라 무의식중에 튀어나온 실수거나 나름 선의를 가지고 한 말일 때가 많다. 그러니 웬만하면 이해하고 넘어가는 것이 좋지만, 가끔은 반사적으로 피가 거꾸로 솟을 만큼 화가 치밀 때가 있다. 그때는 태연한 표정으로 진지하게 상대에게 방금 한 말의 진짜 의미를 물어보자.

무조건 감정을 누르기만 하면 타인에 대한 불신감이 쌓여 잠재적 스트레스 요인만 늘어난다. 상대에게는 전혀 악의가 없었는데 혼자 상처받고 힘들어하는 일이야말로 쓸데없는 에너지 낭비다. 스트레스는 대상자와의 관계만이 아니라 모든 사람과의 관계에 영향을 미치고 자칫 자기 잘못이라는 생각에 빠지면 자신감을 잃을 수도 있다.

하지만 그 자리에서 바로 무슨 뜻인지를 다시 물어보면 대부분은 생각만큼 심한 의도를 가지고 한 말이 아닐 때가 많다.

상대에게 괜한 원망을 품지 않으려면 욱하고 화가 치밀 때 바로 가볍게 웃으며 방금 한 말의 진짜 의미를 물어봐야 한다. 상대에게 나쁜 뜻이 없었다면 결국 자신을 괴롭혔던 존재는 자기 자신이었다는 말이 된다. 그런 안타까운 일이 벌어지지 않도록 소중한 나를 위해 스트레스 요인은 바로바로 제거하자.

● ●

헤아릴 필요 없는 소통 능력

'3cm의 선'이라는 말을 들으면 모두가 비슷한 이미지를 떠올리지만, 색, 굵기, 소재, 방향을 하나하나 따져보면 모두가 다른 형상을 떠올린다는 사실을 알 수 있다. 그래서 특히 디자인 방향을 이야기할 때는 설명과 구체적인 사례를 잘 조합해서 말해야 한다. "이것을 참고해서 적당한 느낌으로"라고 말하면 도대체 어느 부분에서 무엇을 참고해야 하는지 알 수가 없다. 이때는 "이 부분은 샘플이 가진 ○○한 느낌과 비슷했으면 좋겠다"라는 식으로 자세하게 설명해야 한다.

같은 말이라도 표현하고 싶은 내용과 품고 있는 느낌, 배경에 담긴 의도는 말하는 사람에 따라 각각 다르다.

스웨덴처럼 모국어와 문화적 배경이 각기 다른 사람들이 모여 사는 나라에서는 당연히 사람마다 이해하는 방식과 떠올리는 이미지가 다르다고 생각한다. 따라서 무언가를 설명할 때 추상적인 느낌만으로는 표현하지 않는다. 그들은 절대적인 요소를 조합해서 정확한 의사를 표현하기 위해 서로 노력한다.

소통 방식에 관한 일본과 외국의 차이가 여기에 있다. 외국은 문맥과 배경이라는 요소를 배제하고 말 자체에 중점을 두는 '저맥락(low context) 문화'이고, 일본은 상식이나 문화처럼 말로 표현하지 않는 배경과 개념을 공유한다는 전제로 소통하는 '고맥락(High context) 문화'다.

같은 나라 사람끼리 모국어로 대화를 하면 무의식중에 상대가 자신과 똑같이 생각한다고 착각하기 쉽다. 가장 큰 문제는 모국어이기 때문에 대부분 자신이 정확히 구사한다고 굳게 믿는다는 점이다. 하지만 사실 우리가 적당히 대화를 이어갈 수 있는 이유는 나와 상대 모두가 모국어와 모국어 표현에 그다지 민감하지 않기 때문인지도 모른다.

우리가 말을 할 때 상대가 이해해 주기를 바라는 부분은 단어의 뜻이 아니다. 해당 단어로 표현하고 싶은 개념과 이미지다. 따라서 상대가 생각하는 표현의 정의와 의도를 확인해서 올바른 생각을 전달하는 것이 무엇보다 중요하다.

상대에게 → "이 부분이 도움이 되실 겁니다. 그리고 저한테도 좋은 일이고요. 어떠세요?"

자신을 소중히 여기는 일은 곧 타인을 소중히 여기는 일이나 마찬가지다.

내가 나를 소중하게 생각한다는 사실을 상대에게 알리려면 우선 상대를 소중하게 생각하는 자세를 보여주고 상대에게 도움이 될 만한 제안을 건네야 한다. 만약 상대가 일방적인 제안을 한다면 "서로 좋은 게 좋은 거니 이런 형태는 어떨까요?"라는 식으로 다시 제안해 보자.

나만 이익을 얻으면 된다는 생각으로 사람을 대하면 결국 당신 주변에는 자기 이익만 중시하는 사람들이 모여들기 마련이다.

지식과 노력, 신뢰 부족, 그리고 태만은 때로 자기희생을 불러온다.

서로를 아끼며 더 나은 방향으로 나아갈 방법을 서로가 이해하고 받아들일 수 있는 범위 안에서 찾아야 한다.

나에게 → "알아주기를 바란다면 내가 먼저 말해."

상대가 당신의 마음을 알아주기를 바란다면 먼저 어떤 점을 왜 이해해 주기를 바라는지 알기 쉽게 말해보자. 이때 상대가 관심을 보일 수 있도록 '들을 만한 가치가 있는 이야기', '도움이 될 만한 이야기'라는 느낌을 주어야 한다.

속으로는 불만이 쌓여가도 잠자코 입을 다물고 있으면 상대의 눈에는 무반응으로 보일 뿐이다. 뒤에 가서 상대 탓을 하며 험담이나 불평을 늘어놓아 봤자 결국 당신만 못된 사람으로 낙인찍힐 뿐이다. 문제라고 느끼면서도 대처하지 않고 혼자 화만 내고 있으면 안 된다. 인생은 당신 혼자 하는 1인극이 아니다.

부탁을 할 때는 과감하고 알기 쉽게, 상대에게 바라는 점을 확실하게 표현해야 한다. 상대가 알아주지 않았다고 해서 자신이 피해자라고 생각하면 큰 오산이다.

의견을 말할 때는 항상 다음의 두 가지 사항을 명심하자.

● 상황을 이해하고 적절한 말과 표현을 선택하려면 먼저 자기 자신을 헤아리는 힘을 키워야 한다.

● 상대는 당신의 마음을 헤아릴 필요 없을 만큼 알기 쉽게 말해야 한다.

● ●

적당히 타협하고 싶을수록 확실하게!

여러 사람이 모여서 회의할 때면 이런 말이 자주 등장한다.

"그 일은 그 정도면 되겠네요."

"담당자 선에서 적당히 처리하죠."

"나중에 시간 봐서 합시다."

당신도 평소에 무심코 이런 말을 할지도 모른다. 사실 일을 하다 보면 '언제', '누가', '무엇을' 할지를 명확하게 정하기 어려울 때가 많다. 콕 집어서 말하는 동시에 '책임 소재'가 명확해지기 때문이다.

괜히 말을 꺼냈다가 자신이 떠맡을 수도 있고, 관련도 없는 일에 왜 나서냐며 핀잔을 들을 수도 있다. 어쩌면 까탈스러운 사람이라며 껄끄러워할 수도 있다.

하지만 적극적으로 힘을 쏟고 있는 일이나 꼭 성공시키고 싶은 일,

성과를 올리고 싶은 일이라면 절대 적당히 타협하고 넘어가서는 안 된다. 적어도 다음의 사항만은 반드시 명확하게 짚고 넘어가자.

- 다음 행동: 다음에 무엇을 할 것인가.
- 책임자: 결정권, 결재권은 누구에게 있는가.
- 행동 시기: 진행 여부와 시기를 정한다.

이 세 가지 사항을 명확하게 정해 두지 않으면 어떻게 됐는지 궁금해하면서 흐지부지 시간만 보내게 된다.

당장은 책임지지 않아도 되니 편하겠지만, 대충 정해놓은 탓에 쓸데없는 작업으로 시간을 소비하거나 애써 한 일이 평가 받지 못할 수도 있다.

특히 한 집단의 리더라면 당연히 나서야 한다. 다만 평사원이 더 편하게 말할 수 있는 안건도 있고, 중간관리자도 부서원들의 행동이나 시기를 관리해야 할 필요가 있다.

다시 말해 누구나 적당히 타협하고 넘어가려는 상황에 끼어들어 의견을 말할 수 있다. 일단 목소리를 높여 의견을 말해보자. 의외로 도움이 되었다고 좋아하며 다들 고마워할지도 모르고, 대충 넘어가면 결국 모두가 힘들 뿐이라는 사실을 깨닫게 할 수도 있다.

나만을 위해서가 아니라 모두를 위해서라도 당신이 먼저 나서보는 건 어떨까?

상대에게 → "제가 눈치가 좀 없는 편이라서요. 그래서 어떻게 하기로 한 거죠?"

적당히 타협하고 넘어가려는 분위기에 자연스럽게 끼어들 때는 '눈치가 없는 편'이라는 말이 큰 도움이 된다. 어차피 진짜 눈치가 없는 사람은 자신이 눈치가 없다는 사실조차 모른다. 즉, '눈치가 없는 편'이라고 말하는 순간, 실제로는 상황을 파악했다는 사실을 알릴 수 있다.

그 후에 잘 이해하지 못한 자신의 탓으로 돌리면서 핵심을 파고든다.

이때 "이 부분은 아직 정해지지 않는 거죠?"라고 직접적으로 물으면 압박하는 인상을 주거나 잘난 척하는 모습으로 비칠 수 있다. 원래 그런 캐릭터를 원했다면 그것도 나쁘지는 않지만, 이 표현의 목적은 불필요한 적을 만들지 않으면서 자신이 상황을 잘 파악하고 있다는 사실을 알려 상대가 당신의 이야기에 귀 기울이게 만드는 것에 있다는 사실을 잊지 말자.

나에게 → "내가 이해하지 못하는 내용은 다른 사람도 이해하지 못할 거야."

'이런 것까지 물어봐도 될까?', '나만 이해하지 못한 건 아닐까?'라는 생각에 불안하다면 속으로 '내가 이해하지 못하는 내용은 다른 사람도 이해하지 못한다'라고 외쳐보자. 실제로 내가 이해하지 못해서 헷갈리는 이야기라면 나와 똑같이 생각하는 사람이 분명히 또 있다.

그러니 그 사람을 위해서라도 용기를 내서 질문을 던져보자. 나중에 누군가 다가와 사실 자신도 이해하지 못했는데 질문해 주어서 고맙다고 말하면 기분 좋지 않을까?

궁금하고 더 알고 싶은 부분에 대해 솔직히 표현하면 한층 더 깊은 소통을 할 수 있다. 어쩌면 비슷한 의문을 느끼고 있던 사람을 만나 서로 도와가며 성장하고 함께 해결책을 찾을 수 있을지도 모른다.

●●

상대의 입장 되어보기

자신의 의견을 적극적으로 주장해야 한다는 말에 동의하지 않는 사람은 없다. 그런데 애당초 주장은 왜 해야 하는 걸까?

무엇이든 좋으니 의견을 말하기만 하면 되는 걸까? 그러고 보니 어린 시절에는 의견을 말했다는 사실 자체로 칭찬을 받기도 했다. 하지만 어른이 되어서도 그럴 수는 없다.

우리는 '나와 상대에게 필요한 제안'을 하기 위해서나 '서로에게 더 나은 결과를 초래하는 계기나 힌트를 전달'하기 위해서 의견을 말한다. 즉, 의견은 서로에게 유익하고 결과를 내기 위해 필요한 정보이기 때문에 가치가 있다.

따라서 모든 주장은 중요하지만, 서로를 위해 일부러 전해야 할 필요가 있는 의견일 때만 그 가치를 발휘한다. 외국계 대기업에서는 사전에 자료를 검토해서 이해하고 자신의 의견을 정리해서 회의에 참석하기도 하지만, 일반적인 회사에서는 그렇게까지는 하지 않을 때가 많다. 그러다 보니 일단은 별생각 없이 회의에 들어와서 입을 다물고 있는 경우가 대부분이다. 하지만 가끔 완벽하게 이해하지 못해서 말해도 될지 모르겠다고 생각하면서도 새로운 관점을 제안할 수 있는 안건이 있을 때가 있다.

이때 무턱대고 주장을 늘어놓기만 해서는 안 된다. 당신의 의견이 불러올 긍정적 결과에 관해서 스스로 충분히 생각하고, 최소한 자기 자신은 의견의 필요성을 자각한 후에 말해야 한다.

의견이 양쪽으로 갈려서 논쟁이 벌어질 수도 있지만 토론은 싸움이 아니다. 각자 다른 관점에서 본 생각을 전하고 서로에게 더 나은 최고의 방안을 찾아가는 과정일 뿐이다. 당신의 의견에 상대가 반론을 제기했다면 상대의 의견에 관해서 상대보다 더 깊이 생각해야 한다는 마음가짐이 필요하다.

나는 나 혼자서 주장과 반론을 이어가는 '1인 논쟁'을 자주 즐긴다. 예를 들어 '비즈니스에서 의사소통 능력이 중요한가?'라는 주제가 있다면 우선 '소통을 제대로 하지 못하면 사람들과 원만한 관계를 형성할 수 없으니 중요하다'라는 의견을 떠올리고, '소통할 필요 없는 시스템을 사용하면 된다'라는 반론도 생각해 본다. '소통 능력이 뛰어난 사람과 함께하면 된다', '타인에게 부탁하고 매달려야 하는 소통의 스트레스와 하기 싫은 일을 해야 하는 스트레스의 수준은 어떨까?'와 같이 다양한 가능성을 떠올려 보고 각 주장을 뒷받침할 근거를 조사한다.

다양한 가능성을 생각한 뒤에 최선이라고 판단한 의견을 내놓으면 반대 의견이 나오더라도 "물론 그 생각도 맞습니다만, 저는 이렇게 생각했습니다"라고 차분히 주장할 수 있다. 또한 내가 미처 생각하지 못했던 의견을 들었다면 새로운 관점을 발견한 사실에 감사하며 의견을 나누는 일이 얼마나 큰 도움이 되는지도 깨달을 수 있다.

주장은 우리 모두를 위한 일이다. 서로의 주장을 듣고 반론까지 포함해서 최선의 답을 찾아보자.

상대에게 → "어떻게 그런 생각을 하신 건가요?"

상대의 의견을 단순히 사전적 의미로만 해석해서는 안 된다. 상대는 '왜', '그 말을', '지금 이 순간', '당신에게' 했을까?

핵심은 의견의 내용이 아니라 의견을 말하고 싶었던 이유와 생각, 배경에 있다.

상대가 한 말뿐만 아니라 표정이나 몸짓도 전부 '주장'이다. 행동과 반응을 일으키는 사고회로를 생각해 보자. 상대에게 직접 왜 그렇게 생각하는지를 묻고 대답을 들었다면 이번에는 상대가 왜 그렇게 대답했을까를 생각해야 한다.

사람은 무의식이나 진심을 쉽게 드러내지 않는다. 또한 상대가 정말 전하고 싶었던 말이 무엇인지를 이해했다고 해도 받아들일 수 있을지 없을지는 어차피 또 다른 문제다. 상대가 하고 싶은 말이 무엇인지 알아서 손해날 일은 없다. 일단은 진심을 알고 싶다는 마음으로 상대에게 다가가 보자.

나에게 → "말을 그대로 받아들이면 안 돼."

어떤 말이든 단어가 가진 사전적 의미로만 받아들여서는 안 된다. 말은 서로의 의도를 전달하는 수단이기도 하지만 어떻게 보면 상대가 일방적으로 제공하는 정보이기도 하다. 그러다 보니 상황, 시간, 상대에 따라서 예상치 못한 말을 듣기도 한다. 말은 그 뒤에 진짜 중요한 의미를 숨기고 있다는 사실을 잊지 말자.

상대가 왜 그런 말을 했는지 이해할 수 없다면 혼잣말이라도 괜찮으니 그 말을 실제로 소리 내어 말해보자. 그 말을 한 사람의 기분을 조금은 이해할 수 있을 것이다. 물론 서로의 감각이 같을 수는 없겠지만 듣기만 할 때와 스스로 말해보았을 때 느끼는 감각과 감정은 확실히 다르다. 말 그 자체만이 아니라 그 말을 통해 상대가 표현하려고 했던 마음 전체를 이해해야 한다.

● ●

언제든지 당당하게 의견을 밝혀라

자신의 의견을 내놓는 것 자체가 꺼려진다는 사람도 있다.

특히 구매를 권하고 싶은 상품이나 서비스에 관한 의견은 자기 이익을 위한 제안이라는 생각이 들어서 말하는 것 자체가 제 욕심을 채우기 위한 나쁜 행동으로 느껴지기도 한다. 그렇게 느끼는 이유는 두 가지다.

● 상대가 강요한다고 생각할지도 모른다.
● 상대에게 미움받고 싶지 않다.

마음은 충분히 이해한다. 영업 업무를 떠올리면 주로 '구매를 강요한다', '거절해도 물러나지 않는다', '상대를 배려하지 않는다'라는 이미지가 그려진다. 하지만 그런 일이 벌어지는 이유가 정말 영업 사원에게만 있을까?

사실, 문제는 상대(영업 사원이나 제안자)가 아니라 고객에게 있을 때도 많다.

고객이 확실하게 거절하지 않고 '관심은 있다', '궁금하기는 하다'라는 식으로 애매모호하게 구매 의사를 보이면 영업 사원은 상품의 필요성을 적극적으로 설명하며 구매를 권할 수밖에 없다. 처음부터 "지금은 설명을 들어도 살 생각이 없습니다. 내용에는 관심이 있으니 혹시 사지 않아도 괜찮다면 듣겠습니다"라고 말했다면 영업 사원이 먼저 "그럼, 다음에 찾아뵙겠습니다"라며 물러나지 않을까? 이런 식으로 의사를 밝히면 "다음에 기회가 있으면"이라는 말로 거절한다고 해도 딱히 거짓말은 아니다.

비단 영업이 아니라 일반적인 상황에서도 마찬가지다. 누군가 "저는 A가 좋다고 생각합니다"라고 말했을 때 이 말에 강요의 의사는 전혀 없다. 하지만 단지 의견을 말했을 뿐인데도 자기 생각을 강요한다고 생각하는 사람이 꼭 있다. 참 신기한 일이다. 상대와 생각이 다르다면 "저는 B가 좋습니다. 어떻게 할지 함께 생각해 봅시다"라고 말하면 되지 않을까? 그런데도 어떻게 생각하는지 의견을 묻지 않았다는 이유로 강요했다고 생각하거나 그 자리에서는 적당히 동의해 놓고 뒤에 가서 불만을 터트리는 사람이 있다.

그래서 주장을 할 때는 듣는 사람이 피해자가 된 기분을 느끼지 않도록 그에 따른 대책도 미리 준비해야 한다. 예를 들면 밝은 목소리로 이렇게 말해보면 어떨까?

"의견을 말씀하지 않으시면 모두가 동의했다고 착각할 수 있습니다. 조심하세요."

"저는 제 생각이 옳다고 생각해서 열심히 말하지만 이건 어디까지나 제 생각이고 판단은 직접 하시는 거니까요."

처음부터 이런 전제를 두고 이야기를 시작하면 상대가 강요당했다고 생각하는 일을 막을 수 있다.

● ● ●

강요가 아니라 적극적인 추천

당신의 제안이 강요될지 말지는 상대가 가진 전제나 인식 방식에 따라 정해진다.

영업 사원이 하는 말을 생각해 보자. 예를 들어 냉장고를 구매하러 가면 영업 사원은 "이 냉장고는 정말 좋은 점이 많습니다", "이 냉장고를 추천합니다", "이 냉장고는 기존 모델보다 전기 사용량을 반으로 줄였습니다. 전기세 절약 면에서는 최고죠"라고 말할 뿐이다. 사실 강요는 전혀 하지 않는다.

"무조건 이 냉장고를 사야 합니다! 당장 사세요!"라고 강요하는 직원은 없다.

상품이나 서비스를 추천하고 싶다면 상대가 모르는 정보나 의의를 설명하며 상대가 필요성을 느낄 수 있도록 제안해야 한다. 만약 상대가 강요받았다고 느꼈다면 필요성을 제대로 전하지 못했기 때문이다.

하지만 이 말에 고개를 젓는 사람도 있다. 강력 추천이라고 열심히 설명했더니 조용히 거절하고 연락을 끊어버리는 사람을 만난 경험이 있다면 사람들은 추천받는 일을 싫어한다고 생각할 수도 있다. 하지만 오해하지 말기를 바란다. 싫어하는 것이 아니라 그저 관심이 없었을 뿐이다. 상대에게 큰 실례가 되는 말을 했거나 지나친 제안을 했다면 미움을 샀을 수도 있다. 하지만 대부분은 당신이 관심을 가지고 관계를 지속해야 할 가치를 끌어내지 못했기 때문이다.

제안은 관계를 무너뜨리는 위험 요소가 아니고, 강력하게 추천한다고 해서 무조건 미움을 사지도 않는다. 상대보다 더 많은 정보를 알고 있는 당신에게는 상대가 몰랐던 새로운 관점을 제시하고 정보를 알려줄 의무가 있다.

주장은 결국 누구를 위한 일일까? 당연히 상대를 위한 일이다.

누구를 위해서 정보를 제공하는 걸까? 당연히 상대를 위해서다.

오로지 자신만을 위해서 하고 싶은 말은 아무도 없는 숲속에 가서 빈 구덩이에 대고 "임금님 귀는 당나귀 귀"를 외치듯이 혼자 있을 때 하면 된다. 굳이 누군가에게 말할 필요가 없다.

말은 자신의 이익이 아니라 '상대의 이익'을 위해서 하는 행동이다. 따라서 상대에게 필요한 주장을 해야 한다. 상대에게 꼭 알려주어야 할 정보를 전달해야 한다. 참고로 이 책 역시 강요가 아니라 강력 추천이라는 마음으로 집필했다. 당신이 편안하고 행복한 인생을 살기를 바라는 마음에서 적극적으로 추천할 뿐이다.

상대에게 → "어느 쪽이든 상관없지만, 제 생각은 이렇습니다. 그렇게 생각하지 않으시나요?"

입으로는 "어느 쪽이든 상관없다"라고 말하지만 사실 대부분 속으로는 원하는 쪽이 있을 때가 많다. 애써 사양할 필요 없다. 망설이지 말고 당신의 의견을 당당하게 밝히자.

이때 "그렇게 생각하지 않으시나요?"라는 말을 붙이면 "맞아요. ○○ 이유로 좋다고 생각합니다" 또는 "아니요. 저는 그렇게 생각하지 않습니다"라는 답을 들을 수 있다. 당신의 주장에 상대를 끌어들여서 '네, 아니오'로 대답할 수 있는 질문을 던지면 상대에게 조금 더 구체적인 대답을 들을 수 있다.

이는 서로를 위해서 반드시 거쳐야 할 과정이다. 이때 상대가 당신의 의견에 반대하면 마치 자기 자신이 부정당했다고 생각할 수도 있지만, 애당초 그런 생각이 드는 이유는 당신이 당신만 생각하기 때문이다. 참아야 하는 일은 당신에게 스트레스인 것처럼 상대에게도 스트레스다. 잠깐은 부정당했다는 기분을 느끼더라도 서로를 위한 최적의 방향을 찾아야 하지 않을까?

나에게 → "결국 선택은 상대가 하는 거야. 내가 아니라 상대를 위해 제안하자."

간혹 자신이 자기 생각을 지나치게 강요하는 사람이 아닌지 불안할 때가 있다. 하지만 사람은 상대 대신 느끼고, 생각하고, 고민할 수 없다. 결국 선택은 상대가 하게 된다.

당신이 한 말이 상대의 선택에 영향을 미칠 거라는 생각은 어찌 보면 오만이다.

당신과 똑같이 상대도 성인이다. 당신이 무슨 말을 하든 상대는 자신이 모든 책임을 지고 고민해서 결단을 내린다.

상대에게 필요한 정보를 제공했다면 당신이 할 일은 거기서 끝이다. 그다음은 전적으로 상대의 결정에 맡겨야 한다.

● ● ●

나는 일을 잘한다!

누구나 '일 잘하는 사람', 즉 업무 능력이 뛰어난 사람이 되고 싶어 한다. 그런데 일을 잘한다는 말은 구체적으로 무슨 뜻일까?

상대의 의도를 잘 파악해서 필요한 정보를 적절하게 제공하고, 항상 알기 쉽게 업무를 지시하며 늘 기대 이상의 성과를 올리면 '일 잘하는 사람'이 되는 걸까? 아니다. 그것만으로는 부족하다. 진정으로 일을 잘하는 사람이 되려면 지식과 기술을 익혀 사회에 공헌하고, 사람들과 폭넓은 관계를 형성해서 정신적, 경제적으로 풍요롭게 살면서 최고의 인생을 즐기기 위한 기초를 쌓아야 한다.

그 첫 번째 단계로 우선 '나는 일을 잘한다'라는 마음가짐을 가져보자.

방법은 간단하다. 일을 잘하는 사람은 어떤 생각을 하고, 어떤 행동을 할지를 예상해서 실제 행동으로 옮기면 된다. 다시 말해 직접 일 잘하는 사람이 되어보자.

나는 대학을 졸업하고 야마하 음악학원의 강사로 일했었다. 그때 문제가 있는 학생의 수업을 맡아줄 수 있겠냐는 요청을 받은 적이 있는데, 당시 나는 별생각 없이 흔쾌히 "문제없으니 맡겨달라"라고 자신 있게 말했다. 결론만 말하자면 나는 내가 맡은 수업의 학생 모두를 일반 클래스에서 상급 특별 클래스로 올렸다.

청소년 시절에는 패스트푸드점에서 반년이나 아르바이트를 하고도 위로 올라가지 못하고 해고된 적이 있었다. 점장님이 보장하는 '일 못 하는 직원'이었지만, 어른이 되고 나서 어느 순간 문뜩 '사실 나는 천재가 아닐까?'라는 생각이 머릿속에 자리 잡았고, 그때부터 다른 사람과는 다른 관점으로 실수를 찾아내는 능력에 눈뜨기 시작했다. 그 결과 다른 회사에 들어가서는 입사 후 불과 몇 개월 만에 매니저로 승진할 수 있었다.

단순히 근거 없는 자신감을 가졌을 뿐이지만 그 자신감을 계기로 남과 다른 생각을 할 수 있었고, 행동으로 옮길 용기가 생겨 성과를 올렸다.

물론 자신감만으로는 부족하다. 현재 자신의 수준보다 한 단계 높은 곳을 바라보며 생각하고, 실천하고, 결과로 이어가는 구체적인 행동도 필요하다. 그 과정에서 점점 더 '나는 일을 잘하는 사람'이라는 확신이 강해진다.

일을 잘하는 사람이 되고 싶고, 성과를 올리고 싶다면 자기 자신을

'일 잘하는 사람'이라고 생각해 보자. 처음에는 그저 근거 없는 말뿐이어도 상관없다. 우선 일 잘하는 사람의 기분을 충분히 느껴보고 그렇게 되려면 어떻게 해야 할지를 구체적으로 생각해 보자.

일은 혼자서는 할 수 없다. 고객이 있고 협조하는 상대가 있어야 비로소 사회에 가치를 제공할 수 있다.

우리는 일을 통해 사람들과 함께 살아가며 그들에게 도움을 주고 상대의 가능성을 넓혀준다. 자신이 가진 기술과 표현 능력을 갈고닦아 상대에게 가치를 제공하는 사람이 되어보자.

상대에게 → "서로에게 가장 좋은 방법을 함께 찾아봅시다."

일은 서비스와 그에 따른 대가가 오가기 때문에 제공하는 측과 제공받는 측으로 나누어져 갑을 관계가 생긴다고 생각하기 쉽지만, 사실은 그렇지 않다. 고객이든, 비즈니스 파트너든, 사장과 사원이든, 일로 형성된 관계는 모두 똑같다. 돈을 내는 쪽과 받는 쪽을 설정하고 돈을 매개로 더 나은 상태로 나아가기 위해 노력하는 관계, 다시 말해 정신적으로는 대등한 관계다.

컨설팅 업무를 예로 들어보자. 클라이언트는 컨설턴트에게 조언을 받고 대가를 지급하지만 조언 덕분에 실적을 올리면 이번에는 고객에게 돈을 받는다. 결국 양쪽의 관계는 동등한 셈이다. 슈퍼마켓에서도 마찬가지다. 채소를 사 먹은 고객은 건강을 얻고, 슈퍼마켓은 채소를 팔아 이익을 얻으며 생산자도 매출을 올린다. 결국 모두가 동등한 관계다.

서비스를 받는 측과 제공하는 측은 돈을 주고받으며 동등한 관계가 되고 본질적으로 서로의 삶이 더 나아지기를 바라는 마음 또한 같다. 지속적인 관계를 위해 나만 이익을 얻으면 된다는 유혹에 흔들리지 않고, 서로를 존중하며 이익을 확대해 가기를 원한다.

만약 부당한 취급을 받고 있다는 생각이 든다면 그 관계는 빨리 정리하든지, 아니면 서로가 대등해질 수 있도록 노력해야 한다. 필요에 따라서는 스스로 변해야 할 때도 있다. 업무상 맺은 관계에서는 피해자도 가해자도 없다. 모두가 함께 협력하고 성장하며 더 나은 가치를 창출해 가는 동료일 뿐이다.

나아가 모두가 더 멋진 인생을 함께 만들어 갈 기분 좋은 친구들이다.

나에게 → "나는 정말 뛰어난 사람이야! 잘할 수 있어!"

마음에 새기고 싶은 다짐이나 사람들에게 심어주고 싶은 인상이 있다면 소리 내어 말해보자. 빠르면 반년 안에, 늦어도 2년 안에는 자연스럽게 그대로 변해가는 자신을 발견할 수 있을 것이다.

처음 말을 시작했을 때는 까마득하게 느껴지고 부끄러울 수도 있다.

하지만 왠지 희망이 생기는 기분을 조금이라도 느꼈다면 꾸준히 반복해서 익숙해지도록 해보자.

결국 핵심은 당신이 얼마나 즐겁고 편안하게 사람들을 대할 수 있는지다.

아무리 일을 잘해도 뒤에서 남의 험담이나 하는 사람과는 얽히고 싶지 않고, 대화를 나눌수록 기분이 나빠지는 사람과는 같이 있고 싶지 않은 법이다.

그런 사람이 되지 않으려면 우선 당신 자신의 마음부터 돌봐야 한다. 기분이 좋아질 만한 말을 아무도 해주지 않는다면 스스로라도 말해서 많이 들려주자.

"나 좀 멋지지 않아? 사람은 참 재미있는 존재야. 인생은 참 아름다워."

자기 자신을 기쁘게 하는 일부터 시작해 보자.

Epilogue

3

나와 네가 있기에
인생이 즐겁다

● ●

상대를 다 알 수는 없다

여기까지 따라와 준 독자에게 우선 감사의 말을 전한다. 이 책에서 소개한 3초 표현은 어떤 상대에게든 활용할 수 있는 말을 엄선했다. 자유롭게 마음에 드는 표현을 골라 하나씩 실제 대화에 적용해 보면 어느새 생각이 변하고 사람들과의 관계가 달라져 가는 모습을 실감할 수 있을 것이다.

마지막으로 에필로그에서는 인간관계를 더욱 풍요롭게 만드는 힌트에 관해서 이야기해 보자.

사람은 사람을 반드시 이해할 수 있다.

나는 이 생각이 모든 문제의 원흉이라고 생각한다.

서로 이해할 수 있다고 믿기 때문에 상대에게 이해받지 못하면 고민하게 되고, 화가 나며 결국 실망하게 된다.

실제 우리는 약간의 오해를 품고 서로를 이해했다고 착각하고 있을 뿐이다. 서로 다른 오감과 문화, 경험을 가졌다는 사실을 고려하면 아무리 생각해도 사람은 사람을 근본적으로 이해할 수 없다. 상대가 나를 이해할 거라는 속박에서 벗어나야 한다. 사람 사이에는 당연히 오해가 생기고 말이 통하지 않을 때가 있다.

그래서 서로를 이해하고 생각을 공유하려는 마음이 중요하다. 우리는 마음이 통하는 순간에 기쁨을 느끼고, 서로 이해하지 못했을 때 스트레스를 받는다.

하지만 앞으로는 상대가 당신의 생각을 이해하지 못했을 때도 기쁘게 생각하자. 그 사실을 깨달았다는 것 또한 그만큼 당신의 능력이 향상되었다는 증거다. 오해나 생각의 차이를 깨달았다는 말은 서로에 대한 이해가 깊어지고 소통 감각이 예리해졌다는 뜻이니, 이제부터는 더 발전적인 대화를 할 수 있다는 의미다.

어차피 통하지 않는다며 포기해서는 안 된다. 사람은 사람을 이해하지 못하는 것이 당연하지만, 서로 이해하지 못해도 사람들과 함께 살아가는 일은 즐겁다.

상대에게 → "제가 하고 싶었던 말은 ○○입니다. 제가 잘 설명했는지 모르겠네요."

상대에게 하고 싶었던 말은 마지막에 다시 한번 정리하는 것이 좋다. 말로만 간단하게 정리해도 괜찮다. 키워드에 대한 공통 인식과 중요한 부분에 대한 서로의 생각을 공유하는 것이 중요하다.

사람은 매일 많은 정보를 듣고 말하며, 읽고 쓰지만 시간이 지나면 점차 잊어버린다. 독일의 심리학자 헤르만 에빙하우스(Hermann Ebbinghaus)의 망각곡선 이론에 따르면 사람은 하루가 지나면 74%의 기억을 잊어버린다. 따라서 키워드와 핵심 주제가 중요하다. 자세한 내용은 잊어버렸다고 하더라도 "지난번에 ○○에 관해서 이야기했었죠?"라고 키워드를 제시하면 반짝 생각이 난다.

상대와 똑같이 인식하는 공통 키워드를 많이 만들고, 키워드를 통해서 서로를 더 깊이 이해해 보자.

나에게 → "이해하지 못하는 게 당연해."

상대가 왜 이해하지 못하는지 답답해지면 바로 "이해하지 못하는 것이 당연하다"라는 말을 떠올리자. 서로 완벽하게 이해했다는 생각은 착각일 뿐이다. 만약 정말 서로 완벽하게 이해했다면 그것이야말로 기적이다.

서로를 이해하고 싶다면 대화를 나눠야 한다. 사람이 자신의 편견을 깨닫고 새로운 관점에서 생각할 수 있는 이유는 각자의 생각을 쉽게 이해할 수 없기 때문이기도 하다.

　다시 말해 서로를 이해하지 못하는 상황이야말로 더 멋진 인간관계를 만들어 갈 기회인 셈이다.

●● ●

소통은 전인격적 행위

타인과의 관계는 일시적이 아니라 지속적이다. 한순간에 상대의 마음을 사로잡는 방법을 소개하는 책도 있기는 하지만 그 순간이 전부는 아니다.

우리는 인생 전체에 걸쳐 모든 인격을 내걸고 매 순간 타인과 관계를 형성하며 살아간다.

소통은 인격 전체를 나누는 전인격적 행위다.

미국의 컨설팅 업체 캔더(Candor)의 창업자 킴 스콧(Kim Scott)은 그의 저서 《실리콘밸리의 팀장들》(Radical Candor)에서 '일은 전인격적 행위'라고 언급했다. 소통도 마찬가지다. 타인과 함께 있을 때만 잘하려고 하거나 특정 사람에게만 능력을 보여주면 된다고 생각했다면 바탕부터 뜯어고쳐야 한다.

누구와 함께 시간을 보내는지가 당신의 행복을 결정한다. 일시적인 관계들로 인생을 채우면 진짜 만나야 할 인연을 놓칠 수도 있다.

밖에서는 신경 써서 예의 바르게 행동하지만 본성은 상당히 자기중심적인 사람도 있고, 자신의 나쁜 성격을 사람들에게 보일 수 없다며 거짓된 모습으로 타인을 대하는 사람도 있다. 정말 그래도 괜찮을까? 자신의 인격을 일부분밖에 드러낼 수 없어도 만족할 수 있을까?

번지르르한 말로 사람들의 마음을 사로잡아 원만한 관계를 형성했다고 해서 다 성공은 아니다. 인격 전체가 멋진 사람이 되어야 한다. 물론 짧은 시간에 완벽해질 수 없고 심지어 죽을 때까지 달성하지 못할 수도 있지만, 그래도 괜찮다.

어차피 세상을 살아가려면 어느 정도의 고통은 감내해야 한다. 그렇다면 힘들더라도 자신의 인격 전체를 내걸고 사람들에게 다가가 그들의 인생에 도움을 주고, 자기 인생을 존중하고 사랑할 수 있는 삶의 방식을 추구해야 하루하루 마음 벅차고 행복하게 살 수 있지 않을까?

상대에게 → "부족해 보이시겠지만, 여기까지가 지금 저의 최선입니다."

현재 내가 할 수 있는 최선을 스스로 인정하고 상대에게도 밝혀야 한다. 언젠가는 할 수 있게 되겠지만 당장 지금은 할 수 없다는 사실을 굳이 부정할 필요는 없다.

다만 보편적이지 않고 사람들 눈에 안 좋게 보인다는 사실을 알면서도 너그럽게 봐주기를 바란다면 이는 어리석은 생각이다.

좋지 않다는 생각이 들면 고치거나 다른 능력을 키워 보완해야 한다. 노력도 하지 않고 자신의 못난 부분을 사람들에게 그대로 이해해 달라고 강요해서는 안 된다.

누구나 남에게 어느 정도는 피해를 주며 살아간다. 다들 못난 모습 하나쯤은 가지고 있다. 하지만 그렇다고 해서 그냥 넘겨도 된다는 말은 아니다. 현재에 안주하지 말고 내일은 더 멋진 사람으로 성장해 가자.

나에게 → "나 자신을 마음껏 드러내자."

앞에서도 이미 언급했지만 요즘은 자기 자신을 솔직히 드러내야 한다는 인식이 대세다. 하지만 '있는 그대로'의 당신이 과연 최선일까?

자신을 솔직히 드러내는 일의 핵심은 드러낼 만한 가치가 있는 나, 존재 자체로 가치가 있는 내가 될 수 있다는 믿음을 가지고 목표를 향해 나아가는 자세. '있는 그대로'는 '지금 그대로'라는 뜻이 아니다. 지금 당신의 모습은 당신이 지금까지 살아온 인생 속에서 만들어진 모습일 뿐이다. 앞으로의 당신은 지금의 당신이 만들어 가야 한다. '있는 그대로'라는 말은 당신이 가진 능력을 전부 쏟아부어 자신을 빛나게 만들고 변화를 거듭해야 한다는 뜻이다.

●● ●

나를 사랑해야 남에게 사랑받는다

사람들과 함께 살아가는 일은 절대 쉽지 않다. 때로는 부당한 말을 듣거나 오해를 사기도 하고, 아무도 당신을 이해해 주지 않을 때도 있다. 하지만 그런 상황에서 당신에게 상처를 주는 존재는 상대가 아니다. 당신 자신이다. 만약 당신이 이런 사람이었다면 어땠을까?

- 무슨 말을 들어도 신경 쓰지 않는 사람
- 반대 의견을 확실하게 말하는 사람
- 거부 의사를 확실히 밝혀서 상대의 행동을 멈추게 하는 사람

상황을 자신이 원하는 방향으로 만들 수 있으면 상처받을 일이 없다. 상처받을 상황을 만들고 속상한 기분을 느끼게 해서 당신에게 상처를 주는 사람은 그 누구도 아닌 당신 자신이다.

나는 요즘도 자주 농담 반 진담 반으로 나를 '천재', '신'이라고 말한다. 예전에는 2년 정도 하루에 열 번씩 혼잣말로 선언이라도 하듯이 "나는 예쁘다"라고 말했던 적도 있다.

　쓸모없는 짓으로 보일 수도 있지만 인간관계에서는 중요한 행동이다. 일단 농담으로라도 자신을 '천재', '신'이라고 말하면 기분이 좋아진다. 기분이 좋아지면 정말 그렇게 되고 싶다는 생각에 행동이 변하기 시작하고, 그렇게 몇 개월이 지나면 어느새 주변에서도 '천재', '신'이라는 소리를 듣게 된다. 예쁘다는 말도 마찬가지다. 자기 입으로 계속 말하다 보면 어느새 사람들도 당신을 예쁘다고 생각하게 된다.

　당신의 주변이 온통 멋진 일로 가득하다면 당신이 멋진 사람이기 때문이다. 인생이 힘들고 괴롭다면 그때야말로 스스로 변해야 할 때다.

　당신을 둘러싼 환경은 관계가 형성된 순간부터 당신의 영향을 받는다. 어떤 변명을 갖다 붙이든 지금의 당신을 만든 존재는 당신 자신이다.

　자신의 가능성을 넓히고 싶다면 먼저 모든 문제의 시작은 자기 자신이라는 생각을 가져야 한다. 그것이야말로 당신이 당신 자신에게 줄 수 있는 최고의 사랑이다. 당신은 당신 자신을 돕는 최고의 조력자이며 자아 성장의 주인공이다.

　나에게 → "행복한 일도, 괴로운 일도 모두 내가 만드는 거야."

삶을 살아가다 보면 파도처럼 좋은 일과 나쁜 일이 번갈아 찾아온다. 처음에는 좋은 일인 줄 알았는데 나쁜 일일 때도 있고, 나쁜 일이 오히려 좋은 일이 되거나 결국 끝에 가서 보면 좋고 나쁨은 사실 처음부터 존재하지 않았다는 사실을 깨닫기도 한다. 하지만 그렇다고 아무것도 하지 않고 인생을 보낼 수는 없다.

나는 미국의 신학자 라인홀트 니부어(Reinhold Niebuhr)가 쓴 '평온을 비는 기도(Serenity prayer)'를 좋아한다.

"주여, 제게 바꿀 수 없는 것을 받아들이는 평온함을 주옵시고, 바꿀 수 있는 것을 바꿀 용기를 주옵소서."

현실에는 바꿀 수 없는 일들이 산재해 있다. 다만 그 일을 바라보는 관점과 환경, 마음가짐, 인식, 생각, 해석은 얼마든지 바꿀 수 있다. '문제는 내 안에 있다'라는 말은 자책을 종용하는 말이 아니다. '모든 것은 스스로 바꿀 수 있다'라는 뜻을 지닌 이 세상 최고의 긍정 메시지다.

● ●

남을 사랑해야 나를 사랑할 수 있다

당신은 '타인'을 어떤 존재라고 생각하는가? 즐거움과 기쁨을 배가시켜 함께 나누는 존재라고 생각하는가? 누군가는 복잡한 존재나 귀찮은 존재라고 생각할 수도 있고, 또 누군가는 세상에서 가장 좋아하는 존재라고 생각할 수도 있다.

사실 타인을 향한 비난은 동시에 자신을 향한 비난이기도 하다.

타인을 보고 멍청하다고 비난하는 사람은 자신도 멍청한 행동을 할 수 있다는 사실을 알고 있고, 누군가를 보고 교활하다고 생각하는 사람은 상황에 따라 자신도 교활한 행동을 하는 치사한 사람이 될 수 있다는 사실을 알고 있다.

흔히 타인의 잘못을 너그러운 마음으로 용서해야 한다고들 하지만, 사실 우리가 타인의 잘못을 용서하는 이유는 그렇지 않으면 자신이 똑같은 행동을 했을 때나 할 수밖에 없었을 때, 그런 사람과 함께했을 때 자신을 용서할 수 없기 때문이다.

나를 사랑하지 않으면 남을 사랑할 수 없고 남을 사랑하지 않으면 나를 사랑할 수 없다.

나를 사랑하고 싶다면 먼저 사람들을 사랑해야 한다. 생각해 보자. 사람을 좋아하며 그들의 좋은 점을 찾는 당신과 사람을 싫어하며 그들에게 좋은 점 따위는 하나도 없다고 생각하는 당신, 어느 쪽이 매력적일까?

나는 이 책을 읽는 당신이 앞으로 행복해지기를 바란다. 사람과 세상을 사랑하고 사랑이 넘치는 세상에서 편안하고 행복하게 살 수 있는 소통 능력을 키우기를 바랄 뿐이다.

상대에게 → "나머지는 당신에게 달렸습니다."

좋든 싫든, 어떻게 느끼는지는 상대 마음이다.

정신분석학자 알프레드 아들러(Alfred Adler)가 수립한 개인심리학에는 '과제의 분리'라는 개념이 있다. 과제와 책임이 자신에게 있는지 상대에게 있는지를 명확하게 구별해야 한다는 생각이다. 상대가 기뻐했을 때 상대가 기쁨을 느낀 이유는 상대가 기쁨을 잘 느끼는 탁월한 심성을 가졌기 때문이지 당신의 능력이 아니고, 당신이 아무리 많이 노력하고 상대를 깊이 생각해 행동했다고 해도 결과는 상대가 어떻게 받아들이냐에 따라 결정된다. 이 개념을 마음에 새기고 있으면 자칫 거만해지거나 상대에게 휘둘리는 일을 막을 수 있다.

당신은 당신이 할 수 있는 만큼만 하면 된다. 결과는 상대에게 맡기자. '나는 나, 너는 너'라는 생각으로 각자의 존엄성에 경의를 표하며 서로 인연을 맺었다는 사실 자체를 기쁘게 생각해야 한다.

● ●

서로의 매력을 끌어내 멋진 세상을 함께 만들어 가는 친구

우리는 항상 타인과 함께 살아간다. 평생 누군가와 전혀 얽히지 않고 살 수 있는 사람은 없다. 그렇다면 우리는 도대체 인간관계와 소통을 통해서 무엇을 얻기를 원하는 걸까?

나 혼자 빛나기 위해서도 아니고, 남을 돕기 위해서도 아니다.

당신과 나, 인연을 맺은 두 사람만 빛나는 선에서 그쳐서는 안 된다. 당신은 당신의 인생이라는 연극의 주인공이고 무대는 우리가 사는 세상이다. 당신의 인생에는 나도 등장하지만 다른 사람도 등장한다. 모두가 함께 힘을 모아 최고의 인생을 만들어 간다.

따라서 세상이 아름다워지고 사람들이 행복해지면 당신의 인생은 물론 내 인생도 행복해진다. 세상 사람 모두가 각자 최고의 인생을 살기 위해 필요한 동료이며, 멋진 세상과 인생을 만들어 가는 친구다.

그러니 나 자신과 사람들, 세상을 깊이 이해하고 마음껏 자신의 매력을 발산해 보자.

겉모습만 그럴싸하게 꾸미거나 억지로 긍정적인 생각을 짜내지 말고 내면에서 자연스럽게 빛을 발하는, 누가 봐도 고개가 끄덕여질 만큼 멋진 사람이 되어보자.

상대에게 → "당신은 더 멋진 사람이 될 거예요."

나에게 → "나는 더 멋진 사람이 될 거야."

우리는 지금 이 순간에도 변하고 있다.

그리고 최종적으로 모두에게 성공을 축복받을 수 있는 사람으로 거듭나야 한다. 진정한 의미에서 세상과 당신의 인생이 모두 아름다워질 수 있도록 책임 의식을 가져야 하며, 당신의 모든 인격을 내걸고 사람들에게 다가가면서 스스로 변해야 한다.

때로는 힘이 빠지기도 하고 제자리걸음만 하는 모습에 짜증이 날 수도 있다. 나는 성격이 글러 먹어서 도저히 안 된다고 포기하고 싶을 때도 있을 것이다. 하지만 이 책에서 소개한 3초 표현을 활용하면 모든 상황을 바꿀 수 있다. 큰 변화를 실감하기까지는 시간이 걸리겠지만, 마음가짐과 삶의 방향이 바뀌는 결정적 계기는 어느 한순간에 찾아올 것이다.

당신은 그저 매 순간 최선을 다해서 살아가면 된다.

어떤 상황에서도 편안하고 행복한 인생 이야기의 주인공으로 살아가자.

이 글을 읽는 지금이 당신의 인생을 더 멋지게 바꿔줄 결정적 순간이 되기를 바란다.

마치며

웃어야 행복해진다

이 페이지를 읽는 독자는 분명 이 책을 전부 읽었거나, 아니면 어떤 책인지 궁금해 작가의 마지막 말을 읽어보려는 사람일 것이다.

우선은 미력하게나마 당신의 인생을 아름답게 만드는 일을 돕게 되어 기쁘다는 말을 전하고 싶다. 아무도 강요하지 않았음에도 당신은 스스로 이 책을 펼쳐서 나와의 인연을 만들어 주었다. 너무나도 고마운 일이다.

시작 부분에서 밝혔듯이 이 책은 전체를 다 읽지 않아도 괜찮다. 중간중간을 읽고 마음에 드는 표현을 골라 꾸준히 실천한 결과 당신의 인생이 조금이라도 편안해졌다면 작가로서 더는 바랄 것이 없다.

나는 하루에 많게는 30권의 책을 읽는 독서광이다. 그래서 그날그날

마음에 남는 책이나 글귀가 있다. 나는 이 책에 마음을 울린 책과 한 줄의 글귀를 만나 인생이 바뀌었을 때 느꼈던 기쁨과 당신에게도 이 책이, 또는 이 책의 한 표현이 인생을 바꾸는 계기가 되기를 바라는 소망을 담았다.

프랑스의 작가 알랭(Alain)은 그의 저서 《행복론》에 "행복해서 웃는 것이 아니라 웃어서 행복해지는 것이다"라는 말을 남겼다. 살다 보면 이런저런 일이 생긴다. 억지로 긍정적인 척 행동하며 웃을 필요는 없다. 알랭이 "행복의 파도는 당신의 주변으로 퍼져나가 모든 만물과 그리고 당신 자신까지 편안하게 만들어 줄 것이다"라고 말했듯이 당신이 내뿜는 행복의 기운은 주위로 퍼져나가 사람들 사이를 돌고 돈 후에 더 큰 행복을 몰고 돌아올 것이다.

"말도 안 돼! 네가 소통에 관한 책을 쓴다고?"

사실 이 책을 집필하기로 했을 때 나의 지인들은 하나같이 이렇게 말했다. 당연한 반응이다. 나로 말할 것 같으면 새로운 유형의 의사소통 장애라는 말을 들을 정도로 매년 문제아로 낙인찍혀 선생님들을 고민하게 만드는 학생이었고, 솔직히 지금 다시 학창 시절로 돌아간다고 해도 인기 학생은커녕 교실 한구석에서 조용히 하늘만 쳐다보고 있을 것 같다. 인사치레로라도 '붙임성 있는 성격'이라는 말은 차마 할 수 없고, 아마 앞으로도 세상이 인정하는 의사소통론을 이야기할 능력은 갖추지 못하리라 생각한다.

다만 나에게는 단 한 가지, 누구보다 잘한다고 자부할 수 있는 일이 있다.

나는 누가 뭐라고 하든 인생을 즐기고, 나를 좋아하는 사람과 함께 정신적으로나 경제적으로나 풍요롭고 아름답게, 단단하면서도 편안하게 살 수 있다.

앞으로도 지금처럼 나의 생각을 인정해 주는 사람들과 함께 살아갈 것이다.

이 책에 등장하는 표현들은 모두 언젠가 내가 흘렸던 눈물의 결정체 이자 커피보다 쓴 추억들이고, 참회하고 싶을 정도로 부끄러웠던 경험을 통해 시행착오를 겪어가며 얻어낸 결과다.

그러니 단 한 가지 표현이라도 좋다. 일단 시도해 보기를 바란다. 한 번에 결과가 나오지 않더라도 포기하지 말고 도전해서 당신이 원하는 바를 이루고 사람들과 함께하는 행복한 인생을 즐기기를 기원한다.

스웨덴에서 일본으로 돌아와서 친구들에게 괴롭힘을 당하고 상처받았을 때는 대인기피증에 걸려 평생 누구에게도 마음을 열지 않겠다고 결심했다. 그런데도 다른 사람으로 착각해서 누군가 말을 걸어오거나 전단지를 나누어 주는 사람이 싱긋 웃어주기만 해도 기분이 좋아졌다. 상처받기 싫으면 다시는 사람에게 마음을 열지 말라고 스스로 몇 번이고 다짐했지만, 누군가가 다가온 순간 내가 사람을 좋아한다는 사실을 저절로 깨달았다.

"마음을 열든 닫든 어차피 너는 상처받을 거야. 그렇다면 차라리 마음을 열고 사람들에게 다가가는 편이 낫지 않을까? 분명 즐거운 일이 생길걸."

스스로 마음의 벽을 쌓고 몇 년간 사람을 멀리했지만, 어느 날 한 지인의 말을 듣고 막연하게 그런 생각이 들었다. 사람을 두려워하지 않고 함께 즐거운 인생을 만들어 갈 방법이 있었으면 좋겠다.

사람을 좋아하면서도 내가 나를 좋아하지 못하고 사람들의 멋진 모습을 인정하지 못한다면 그보다 슬픈 일은 없다. 어차피 한번 사는 인생이라면 서로 눈치 보며 상대의 기분을 살피는 관계가 아니라 나도 즐겁고 상대도 기분 좋아지는 관계, 서로에게서 자연스럽게 흘러나오는 행복한 기운으로 편안해지는 관계가 좋지 않을까?

제멋대로라는 핀잔을 들어도 신경 쓰지 말자. 적당히 타협하지 말고 끝까지 노력해서 나와 상대가 모두 편안해질 수 있는 관계를 만들어 보자. 나 역시 당신과 그런 친구가 되고 싶다.

마지막으로 나의 가족과 존경하는 피아노 선생님, 이시카와 가즈오 작가님, 다이와 출판사 여러분 모두에게 감사의 말을 전하고 싶다. 공간이 부족해서 한 명 한 명 이름을 적지 못해 미안할 따름이다. 한순간이라도 나와 인연을 맺었던 모든 사람과 지금 이 책을 읽고 있는 당신 덕분에 이 책이 세상에 나올 수 있었다.

이제 이 책은 마치지만 당신의 멋진 인생은 지금부터 시작이다.

이 책에 있는 표현들이 오늘, 내일, 모레, 1년 뒤, 10년 뒤에도 당신이 더 멋진 인생을 꽃피울 수 있도록 돕는 귀중한 밑거름이 되기를 진심으로 바란다.

_아소 사이카

사람과 돈이 따르는
센스있는 3초 표현 3

- 1판 1쇄 인쇄 __ 2024년 01월 05일
- 1판 1쇄 발행 __ 2024년 01월 15일

- 지 은 이 __ 아소 사이카
- 옮 긴 이 __ 이은혜
- 펴 낸 이 __ 박효완
- 편집주간 __ 조종순
- 표지 디자인 __ 정태성
- 본문 디자인 __ 김주영
- 마 케 팅 __ 윤세민
- 물류지원 __ 오경수
- 펴 낸 곳 __ 아이템하우스
- 등록번호 __ 제2001-000315호
- 등 록 일 __ 2001년 8월 7일
- 주 소 __ 서울특별시 마포구 동교로 75 (망원동)
- 전 화 __ 02-332-4337
- 팩 스 __ 02-3141-4347
- 이 메 일 __ itembook@nate.com